PLAIDOYER

DE Mᵉ CHAUVEAU-LAGARDE.

DE L'IMPRIMERIE DE LACHEVARDIERE FILS,

RUE DU COLOMBIER, N° 30, A PARIS.

PLAIDOYER

DE M CHAUVEAU-LAGARDE

POUR LES SIEURS

BISSETTE, FABIEN FILS ET VOLNY,

CONDAMNÉS

A la Marque et aux Galères à perpétuité

PAR

LA COUR ROYALE DE LA MARTINIQUE.

—◦◦◦—

PRIX : 2 FR. 50 C.

A PARIS,

CHEZ PONTHIEU, LIBRAIRE,

PALAIS-ROYAL, GALERIES DE BOIS;

ET CHEZ LES MARCHANDS DE NOUVEAUTÉS.

1826.

PLAIDOYER

DE Mᵉ CHAUVEAU-LAGARDE

POUR LES SIEURS

BISSETTE, FABIEN FILS ET VOLNY,

CONDAMNÉS A LA MARQUE

ET AUX GALÈRES A PERPÉTUITÉ

PAR

LA COUR ROYALE DE LA MARTINIQUE.

COUR
DE
CASSATION.

Section
criminelle.

Audience extraordin.
du jeudi
28 sept. 1826.

M. OLIVIER,
RAPPORTEUR ;

M. LAPLAGNE-
BARRIS,
AVOCAT-GÉNÉRAL.

MESSIEURS,

Je ne crois pas commencer cette cause par un lieu commun oratoire, en observant qu'elle est, sous plusieurs rapports, une cause *tout extraordinaire*, soit par les attributions inaccoutumées que vous êtes appelés à y exercer, soit par les questions inaccoutumées qu'elle présente à résoudre, soit par les intérêts inaccoutumés qui s'y rattachent et qu'elle nous donne à défendre.

En effet, si nous élevons d'abord nos regards vers la cour, nous reconnaissons que la condamnation prononcée contre nos trois infortunés

Nature
particulière
de cette
cause.

1

clients l'ayant été dans les formes et en vertu de nos anciennes lois criminelles, ce sont ces mêmes lois anciennes qui doivent régir le pourvoi ; que ces mêmes lois en auraient autrefois attribué la connaissance à l'un des anciens conseils du Roi ; et que dès lors, puisque c'est ce même conseil que vous représentez avec tous les pouvoirs qu'elles lui auraient conférés, vous devez la juger par tous les moyens de décision qu'elles lui auraient offerts, comme il aurait pu la juger à votre place ; et par conséquent nous ne voyons pas seulement en vous, messieurs, la première cour du royaume, nous y voyons encore le conseil du Roi en quelque sorte présidé par Sa Majesté même ; et au respect qui nous amène toujours à vos audiences, se joint une vénération nouvelle qui nous dit assez quelle doit être dans cette défense la dignité de notre ministère.

D'un autre côté, si nous considérons la cause en elle-même, ainsi que les questions qu'elle offre à résoudre, qu'y voyons-nous? Nous y voyons que, d'après ces anciennes lois par lesquelles elle doit être jugée, vous n'y avez pas seulement à décider, comme dans les pourvois ordinaires, *si les formes y ont été bien observées*, ou *les lois bien appliquées*, mais que vous y avez encore à juger *si la condamnation y a été justement prononcée.*

Nous ne pouvons même nous dissimuler que cette question du fond en entraîne une autre, non moins grave, sur la nature et l'étendue de vos attributions, ainsi que sur la combinaison des lois nouvelles de votre institution avec les lois anciennes qui gouvernent l'affaire ; et quoique nous apercevions l'importance d'une telle entreprise, nous en sentons aussi toutes les ressources ; nous n'en sommes pas moins assurés de vous démontrer que sous ce dernier rapport de *l'iniquité et de l'injustice évidente de la condamnation au fond*, autant que sous le rapport de *l'inobservation des formes* et *de la fausse application des lois*, *l'arrêt attaqué ne peut échapper à votre censure :* et comme le soin de cette démonstration m'est personnellement laissé, j'en prends l'engagement avec d'autant plus de confiance en votre justice, que, vu la nature de l'affaire, j'ose espérer de vous, messieurs, une attention plus religieuse et plus indulgente encore que celle dont vous avez coutume de nous honorer.

Enfin, si des graves questions que la cause nous présente à discuter, nous passons aux grands intérêts qui nous y sont confiés, nous jugeons qu'il ne s'agit pas seulement de l'intérêt personnel des trois malheureux hommes de couleur libres de la Martinique, si injustement condamnés, mais qu'il y est question encore des intérêts universels de tous les hommes de couleur libres de la colonie, qui font nécessairement avec eux cause commune : que les intérêts uni-

versels de cette caste si recommandable se lient
nécessairement aux intérêts de la colonie elle-même,
qui ne peut se passer d'eux; que les intérêts de la
colonie ne peuvent se séparer des intérêts de la
France, dont elle fait une partie intégrante ; et que,
par conséquent, la politique forme avec la justice
et l'humanité comme une espèce de sainte alliance,
pour demander à grands cris l'annulation d'un
arrêt que je ne sais comment caractériser, parcequ'il n'y en a point d'exemple dans nos annales judiciaires.

En effet, messieurs, quelle est la condamnation
que cet arrêt prononce, et quels en sont les motifs ?

Objet
du procès.

Par cet arrêt,

Trois hommes de couleur, qu'on appelle hommes *libres* de la Martinique, et que je vous mon-
trerai tout à l'heure, messieurs, si dignes d'intérêt et de considération , ont été condamnés à la
peine afflictive et *infamante* de la *marque* AU PIED
DE LA POTENCE et des GALÈRES A PERPÉTUITÉ !

Et pourquoi?

Accusés d'abord de s'être rendus coupables, *à
l'aide d'écrits séditieux et de manœuvres sourdes,
d'une conspiration prétendue*, qui menaçait, dit-on,
la colonie d'une *destruction prochaine*, ils n'ont pas
été *condamnés comme des conspirateurs :* les pièces du
procès et l'arrêt même de condamnation prouvent

que *la conspiration* n'existait que dans quelques *imaginations mal à propos effrayées*, mais qu'elle n'avait d'ailleurs absolument rien de réel ; et qu'au contraire ceux-là mêmes qui, dans la colonie, défendent aujourd'hui l'arrêt attaqué, sont obligés de reconnaître qu'au lieu de *ces actes et de ces faits* éclatants qui constituent *le crime* d'une *conspiration véritable*, il n'y a jamais eu, pour me servir de leurs propres expressions, *que le bruit sourd* et *vague* de ce qu'ils appellent une *conspiration* MORALE *permanente :* crime capital d'une espèce toute nouvelle, qui, sans consistance et sans corps, n'est rien autre chose qu'un être de raison, un fantôme, une abstraction, une chimère !

Quelle est donc la cause de cette condamnation effrayante ? On aurait peine à l'imaginer, messieurs, s'il n'en existait pas une preuve authentique, pour ainsi dire, écrite au procès en caractères de sang.

Reconnus innocents de la *conspiration idéale* dont ils étaient prévenus, ces malheureux ont été condamnés à cette double infamie, mille fois pire que la mort ; non pas, messieurs, parcequ'ils auraient *composé*, l'un d'eux seulement est *véhémentement soupçonné* d'avoir pris part à sa composition, mais parcequ'ils auraient eu, comme tous les habitants de la colonie, en *leur possession* , ou *qu'ils auraient lu* et qu'ils auraient même *donné à lire à quelques amis* une brochure sur la *situation politique des hommes de couleur libres dans les Antilles françaises*, qui n'est rien autre chose, comme vous le verrez dans un instant, qu'une *supplique respectueuse adressée au roi*, et dans laquelle on réclame pour eux, avec modération, l'exercice des droits civils et politiques que nos lois leur accordent, et qui pourtant leur sont refusés par un pouvoir arbitraire.

Déjà, messieurs, le bruit de cette condamnation a retenti dans l'Europe entière et dans les deux mondes; et déjà, après avoir, dans des écrits publics, dans les journaux, dans nos tribunes législatives, inspiré à des plumes et à des voix plus éloquentes que les nôtres les accents de la commisération, elle est universellement jugée par la raison publique, je ne dirai pas seulement comme une grande erreur judiciaire, mais encore comme une atteinte aux premières règles du juste et de l'injuste, non moins qu'aux premiers principes de l'humanité.

Aussi, messieurs, en la dénonçant à votre censure suprême, ne venons-nous point devant vous pour exciter dans vos cœurs des sentiments que sans doute elle y a déjà fait naître. Nous n'ignorons pas que nous ne devons parler qu'à votre impassible justice : c'est à elle seule que nous voulons nous adresser; et nous entreprenons seulement de vous démontrer qu'autant l'arrêt blesse l'équité naturelle et la justice, autant il viole ouvertement et l'esprit et la lettre des lois mêmes sur lesquelles il est fondé, mais dont il a fait, en sacrifiant l'innocence, l'application la plus fausse et la plus arbitraire.

Mais avant d'entrer dans cette discussion, j'aurai l'honneur d'adresser à la cour une prière.

Esprit
de la
défense.

Quand je parle de *l'iniquité* et de *l'injustice* de la *condamnation*, ainsi que du *mépris* et de *la violation de toutes nos lois*, je vous supplie, messieurs, de ne pas me soupçonner de vouloir incriminer en rien la conscience des magistrats qui l'ont prononcée : ils ont cru faire un acte conforme aux lois autant qu'utile à la colonie, et c'est un hommage que je m'empresse de leur offrir.

Mais après leur avoir rendu cette justice, avec le respect que je porte toujours aux erreurs même de la magistrature, l'indépendance de mon ministère m'oblige à dire, dans l'intérêt de l'innocence, que, malgré toute la pureté de leurs intentions, il n'en est pas moins incontestable, *d'après les pièces mêmes produites au procès*, qu'en prononçant cette fatale condamnation, ils ont été, *par une cause accidentelle importante à connaître*, ils ont été, sans le vouloir et sans le soupçonner, entraînés hors d'eux-mêmes, et comme frappés d'une espèce d'aveuglement dont ils n'ont pu se défendre.

En voici la preuve, dans l'exposé des faits principaux.

Faits. En 1822, une véritable conspiration à main armée avait éclaté à la Martinique, de la part des noirs esclaves, qui s'étaient insurgés au Carbet. On sait que les noirs sont incomparablement plus nombreux que les blancs, et même que les hommes de couleur libres à eux réunis, puisque l'on porte les noirs à quatre-vingt mille, tandis qu'il n'y a que huit mille blancs et vingt-deux mille hommes de couleur. Or, si les hommes de couleur libres avaient été, comme l'arrêt le suppose, des séditieux ennemis de la colonie, l'occasion était belle pour se réunir aux insurgés, et s'ils l'eussent fait, l'imagination est effrayée des malheurs dont la Martinique pouvait être accablée.

Eh bien! messieurs, il n'en fut pas ainsi : les hommes de couleur libres prirent les armes, se réunirent aux blancs, sauvèrent avec eux la colonie ; et, chose remarquable, les trois condamnés, et notamment Bissette, étaient ou à leur tête ou au milieu d'eux, et se signalèrent à l'envi par leur courage et leur dévouement.

Depuis cette époque la Martinique a été calme jusqu'en 1824 ; et elle n'aurait pas encore cessé de l'être, si quelques uns des colons blancs n'y eussent porté le trouble en y jetant une fausse alarme, et en cherchant à y susciter contre leurs libérateurs la haine et la proscription. Voici de quelle manière, et à quelle occasion :

Vous verrez dans un instant, messieurs, comment à cette époque ainsi que dans tous les temps, les condamnés, et leurs co-intéressés les hommes de couleur libres, étaient dignes, par *leurs services*, par *leur dévouement à la France*, par *leurs vertus* et *leurs qualités personnelles*, *d'obtenir le bienfait d'une liberté légale*.

Vous verrez quelle était alors leur situation, ou, en d'autres termes, vous verrez comment *la législation coloniale* leur reconnaissait le droit *à cette liberté ;* mais comment, au contraire, *le régime colonial*, qu'il ne faut pas confondre avec la législation de la colonie, les en privait impitoyablement.

Vous verrez comment, alors qu'ils étaient si dignes d'en jouir, alors que la loi leur en offrait la garantie, et que néanmoins elle leur était refusée par un pouvoir arbitraire, vous verrez comment, et malgré la tendance universelle de l'esprit humain vers cette liberté légale si chère à tous les nobles cœurs, ils étaient alors au milieu des hommes de couleur libres de toutes les autres colonies européennes, pour ainsi dire *les seuls qui n'en eussent pas la jouissance*.

Telles étaient, messieurs, les circonstances qui leur ont donné le désir d'en réclamer le bienfait auprès de Sa Majesté même.

En conséquence, un honnête homme, touché de leur sort, se charge, en leur nom, d'en rédiger la demande dans une brochure *sur la situation des hommes de couleur libres aux Antilles françaises.* Vous verrez aussi comment il s'en est acquitté; et vous serez bientôt assurés, messieurs, si une telle réclamation est criminelle, ou si elle est irréprochable.

Voici du moins une chose certaine, et qui mérite, messieurs, de fixer toute votre attention.

Loin que cet écrit ait paru clandestinement, l'auteur même s'en est fait connaître, et il en a pris sur lui la responsabilité.

Non seulement l'auteur s'en est fait connaître, mais il l'a déposé dans les dépôts publics, en conformité de la loi , c'est-à-dire à la direction de la librairie : la preuve en est écrite au procès.

Ce n'est pas tout : après l'avoir ainsi fait connaître par toutes les voies de publicité, il l'a distribué aux chambres, présenté au gouvernement, *aux autorités, à tous les Français.* Parmi les Français , malgré la diversité d'opinions des différents partis, il n'a été blâmé par personne; l'autorité ne l'a point condamné, la justice ne l'a point censuré, son auteur connu n'en a pas été inquiété ; et dès lors il a circulé dans la France avec toutes les garanties légales qu'il est irréprochable.

Pourquoi faut-il qu'après avoir paru tel dans la

France continentale, il ait semblé si criminel à la Martinique?

Rédigé au nom des hommes de couleur libres de cette colonie et de celle de la Guadeloupe, il était naturel qu'il parvînt au milieu d'eux, et il parut en effet dans l'une et l'autre colonie; mais pour y produire des résultats bien différents.

A la Guadeloupe, et c'est une justice à rendre au bon esprit qui règne dans cette colonie, il a été jugé comme en France, ainsi qu'il devait l'être : ni l'autorité coloniale, ni les tribunaux, ni qui que ce soit ne s'est aveuglé au point d'y trouver rien de répréhensible ; il n'y a excité ni le moindre désordre, ni même la contradiction la plus légère.

A la Martinique, au contraire, où pourtant l'esprit général des habitants est également bon, il n'en a pas été de même ; et je vous prie, messieurs, de vouloir bien m'honorer ici d'une attention nouvelle, parceque le moment est venu de vous faire connaître *cette cause* accidentelle dont je vous ai parlé plus haut, et qui est évidemment la seule *cause occasionelle de ce malheureux procès.*

En effet, il n'est pas douteux, d'après ce bon esprit dont je viens de parler, que si à la Martinique l'autorité et la justice, abandonnées à elles-mêmes comme elles l'avaient été à la Guadeloupe, n'avaient consulté que la saine raison pour apprécier l'écrit à sa juste valeur, il est, dis-je, évident qu'elles n'y auraient pas attaché la moindre importance, du moins pour le condamner.

Mais à peine fut-il introduit dans la colonie, qu'il s'y est rencontré par malheur deux ou trois colons plus aveuglés que tous les autres par le préjugé colonial : et il n'en a pas fallu davantage pour qu'à sa première apparition ils l'aient considéré comme un acte de révolte attentatoire à leurs priviléges, comme une conspiration.

Aussi l'inconcevable démarche qu'ils ont osé faire est-elle digne de toute la sollicitude des magistrats et du gouvernement lui-même.

Vous connaissez, messieurs, la dénonciation ou plutôt le manifeste que trois habitants de la Martinique, se disant commissaires de trois paroisses de la colonie, et chargés de parler au nom de tous leurs habitants, ont adressé, au mois de décembre 1823, à M. le gouverneur.

Elle fut d'abord clandestine, mais depuis elle a été imprimée, dénoncée elle-même dans nos chambres législatives, et non désavouée ; et vous vous rappelez, messieurs, que dans cet écrit trois choses sont principalement remarquables.

D'abord ses indiscrets auteurs commencent par présenter la brochure des hommes de couleur libres comme *un libelle infâme ;* ils *avancent* que *les préten-tions* que les hommes de *couleur* y *exposent* sont prohibées par *les lois de la colonie*; ils *soutiennent* qu'au mépris de ces *prétentions*, qu'ils *traitent d'illégales*, et par conséquent au mépris des ordonnances royales qui les autorisent, le *régime colonial*, avec tous ses priviléges tel qu'il est, doit *être maintenu pour toujours* : et se couvrant ici du manteau de l'intérêt public de la colonie, ils supposent que si la demande des hommes de couleur est accueillie, la colonie sera menacée d'une destruction prochaine.

Ils font plus; en même temps qu'ils ont l'air de s'occuper ainsi du bien général de la Martinique, ils ne peuvent s'empêcher de manifester le véritable motif de leur opposition à la réforme demandée par les hommes de couleur; ils déclarent qu'ils ne consentiront jamais *à se voir les égaux d'hommes qui ont des parents très proches dans leurs ateliers*; et non seulement ils déclarent qu'ils ne le souffriront pas, mais ils ont l'audace d'ajouter : « Que » si *le gouvernement du roi* avait un jour le pro- » jet de rien changer à l'état actuel de ce qu'ils » appellent la législation, c'est-à-dire, dans leur » pensée, du régime colonial, ils prient M. le gou- » verneur d'être auprès de ce même gouvernement » leur organe, et de lui FAIRE BIEN COMPRENDRE (ce » sont leurs expressions), DE LUI FAIRE BIEN COM- » PRENDRE qu'ils sont tout décidés *à ne pas le souf-* » *frir*; mais au contraire qu'ils sont fermement » résolus à n'admettre *aucune modification* et *à se*

» *défendre ;* en telle sorte que s'ils succombent, *la* » *colonie sera perdue pour la France.* »

Ce n'est pas tout encore ; non contents de chercher ainsi à épouvanter M. le gouverneur par la peinture fantastique des prétendus maux qui doivent fondre sur la colonie si les prières des hommes de couleur libres sont exaucées, ils cherchent encore à l'effrayer lui-même par le danger personnel qu'il court s'il ne prend pas contre eux des mesures énergiques ; et, en conséquence, ils affectent de lui représenter :

« Que c'est entre ses mains, comme général, » que le Roi a mis son autorité ; qu'il n'est pas seu-» lement administrateur, mais qu'il est aussi, et » *avant tout, gouverneur de la colonie ;* que c'est *de* » *lui seul que dépend* la tranquillité publique, et que » c'est lui qui est *responsable* au Roi et à la colonie » des *malheurs* qui pourraient l'atteindre. »

Vous le voyez, messieurs, s'il s'agissait de qualifier une telle dénonciation, il serait facile d'y trouver tous les caractères d'un acte de *révolte contre l'autorité royale.*

Mais nous ne voulons pas jouer ici le rôle d'accusateurs contre les trois colons qui ont eu la témérité de se le permettre, et nous devons nous borner à défendre les hommes de couleur libres du crime prétendu de sédition qu'ils leur ont imputé, et pour lequel ces malheureux ont été condamnés.

Ce qu'il y a du moins de trop certain, c'est que ce manifeste a produit tout l'effet que ses auteurs en attendaient, tant sur l'esprit de l'autorité que sur l'esprit de la justice coloniale elle-même, puisque, à peine a-t-il paru, la justice et l'autorité se sont décidées à sévir en même temps, avec la rapidité de l'éclair, contre les condamnés et contre les hommes de couleur libres, leurs compagnons d'infortune.

D'une part M. le gouverneur adresse, le 20 décembre 1823, à MM. les *commandants de bataillons de milice, et à MM. les commissaires des commandants des paroisses, une proclamation* par laquelle, en supposant, comme la dénonciation des colons, mais sans nommer les condamnés, que des agitateurs cherchent à pousser au désordre la classe peu éclairée du peuple par *l'espoir d'un changement dans la législation politique de la colonie, et par la distribution de libelles séditieux*, il déclare qu'il fera *poursuivre avec la dernière rigueur des lois* ces perturbateurs, et encourage MM. les commandants et MM. les commissaires à exercer la plus active surveillance pour conserver la tranquillité publique : et cette proclamation n'a pas plus tôt été publiée, que, sans forme de procès, et sans aucun jugement, deux cents hommes de couleur libres sont condamnés à aller mourir déportés dans les déserts brûlants de la Guiane française.

Il n'appartient pas à notre cause, messieurs, de vous entretenir de cette déportation : vous savez que Sa Majesté même et son conseil *en ont fait justice*, comme d'une mesure *illégale* et d'une véritable *usurpation du pouvoir judiciaire*, qui seul a le droit de prononcer des condamnations de cette nature.

Mais comme il est vrai de dire qu'au fond, et malgré la différence des formes, elle n'a pas eu d'autre cause que la condamnation qui vous est dénoncée, je ne vous en parle en passant, messieurs, que pour avoir l'occasion de rendre un respectueux hommage à la bonté du Roi, et d'en tirer pour notre défense, auprès de la cour suprême de Sa Majesté, un favorable augure.

D'un autre côté, pendant que l'autorité suivait ainsi l'impulsion qui lui était donnée par l'esprit colonial, la justice s'y laissait entraîner également : des poursuites sont exercées contre les condamnés, par le ministère public, *comme auteurs ou fauteurs d'une conspiration à l'aide d'écrits séditieux ;* et en conséquence il est fait une perquisition chez Bissette, l'un d'eux, pour s'assurer apparemment si l'on y trouvera des *plans d'attaques, des projets concertés et arrêtés de destruction, des munitions de guerre, des armes, des listes de proscription,* ou du moins *de ces écrits incendiaires qui excitent à l'insurrection et à la révolte,* en un mot quelques uns de ces *matériaux,* de ces *machines* et de ces *instruments* de carnage et de mort destinés à préparer et effectuer la conspiration dont on les accuse.

Mais au lieu de cela qu'y trouve-t-on?

Chose effroyable! on y trouve!!!

Quoi? messieurs! Nous tremblons de le dire, et pourtant la vérité nous force à l'avouer!

On y trouve... *deux exemplaires de la brochure* des hommes de couleur, l'un à l'adresse de Bissette, et l'autre à l'adresse de M..., et qui y avaient été jetés, en son absence, par la fenêtre.

Voilà, messieurs, le terrible arsenal de nos audacieux conspirateurs de la Martinique; et (l'on sera bien aussi contraint d'en convenir avec nous) depuis qu'il existe des conjurés dans le monde, à Rome, à Venise, à Paris, à Saint-Pétersbourg, à Constantinople, ce n'est pas avec de telles armes qu'ils agissent; et tous ces conspirateurs anciens et modernes ne sont rien en comparaison des nôtres, auxquels il suffit, pour renverser un empire.... de quelques feuilles de papier.

A la vérité, messieurs, *avoir eu dans son domicile ces deux exemplaires* de la brochure n'est pas le seul crime horrible dont Bissette ait été *convaincu :* il convient dans ses interrogatoires qu'*il en a pris lecture, et qu'il l'a même donnée à lire chez lui* à quelques amis qui y étaient autant que lui-même intéressés, mais toujours avec la précaution de ne pas le faire en présence de leurs domestiques; il n'a pas nié en avoir lu une partie à la dame..., qu'il avait par hasard rencontrée, et il est même avéré qu'avec cette brochure fatale s'est trouvé chez lui, lors de la perquisition dont je viens de parler, ce que l'arrêt appelle *un dépôt* de quelques autres écrits dont voici en deux mots la nomenclature :

1° *Diverses pétitions* que Bissette reconnaît avoir *rédigées* lui-même, et pour être *adressées* par les hommes de couleur à M. *le gouverneur de la colonie*, et à *Son Excellence le ministre de la marine*, avec un projet d'adresse à *Sa Majesté*.

2° Une adresse à la chambre des députés, *écrite de la main de Fabien fils*, et *copie* d'une lettre adressée au procureur du Roi, *prise sur* l'original, *qui aurait été*, dit-on, *décacheté*.

Et 3° le manuscrit d'une autre feuille imprimée à Paris, chez Richomme, avec cette épigraphe : *Salus populi suprema lex esto*, qui n'est autre chose que la réfutation d'une brochure publiée, dit-on, sous le voile de l'anonyme, par M. Richard de Lussi, alors procureur général de la Martinique, mais dont le manuscrit *était de la main de Volny*.

Oui, messieurs, tous ces faits sont vrais ; et Bissette, indépendamment des deux exemplaires de la brochure, avait encore chez lui tous ces écrits....., il faut en convenir.

Mais enfin (chose importante à remarquer, et sur laquelle j'adjure et M. le rapporteur et M. l'avocat général), en avouant la vérité de ces faits, il est juste aussi de reconnaître qu'ils sont *les seuls* qu'on reproche à Bissette ainsi qu'à ses deux prétendus complices ; de même que ces divers écrits sont les *seules pièces de conviction* qu'on leur oppose : mais que du reste l'instruction prouve que ce sont aussi *les seuls actes* sur lesquels ils aient été interrogés, sans que jamais on leur ait même fait un reproche d'aucune *action* qui pût avoir le moindre rapport indirect *avec la conspiration* dont on les accusait.

Eh bien ! ces deux exemplaires et ces autres écrits trouvés chez l'un d'eux..., il n'en a pas fallu davantage pour les mettre tous trois en jugement, et pour les condamner. Mais écoutez, messieurs, par quels motifs.

Bissette, non content d'avoir en sa possession ces deux exemplaires , et en dépôt les autres écrits, parmi lesquels il en est un , dit-on, qui présente une analogie si frappante avec la brochure, que Bissette est *véhémentément soupçonné d'avoir pris part à sa composition ;* non content d'avoir réuni chez lui tous ces écrits, *a lu et fait lire à divers* cette brochure, que, par conséquent, il *a colportée ! ! !* donc *il a mérité la mort* (car vous verrez bientôt qu'on prétend leur avoir *fait grâce* en ne les y condamnant pas) ; donc *il a mérité la mort*, ou du moins donc *il a mérité la* MARQUE *au pied de la potence et les* GALÈRES A PERPÉTUITÉ ! ! !

Fabien fils ou sa femme (car l'arrêt est à cet égard dans l'incertitude), Fabien fils ou sa femme *avait écrit de sa propre main une adresse à la chambre des députés , et d'ailleurs* il aurait *décacheté* une lettre adressée à M. le procureur du Roi , et tenté depuis de corrompre les témoins qui devaient déposer de ce fait : donc il a *mérité la mort ,* ou du moins donc il a mérité LA MARQUE *au pied de la potence et les* GALÈRES A PERPÉTUITÉ ! ! !

Enfin Volny a *remis à Bissette* l'écrit de sa main avec l'épigraphe *salus populi ,* c'est-à-dire la réfutation de la brochure de M. Richard de Lussi , et *il a reçu de Bissette* la *brochure incriminée* en *communication,* ce qui *prouve* qu'il a *participé à ses coupables projets :* donc il a *mérité la mort,* ou du moins donc il a mérité LA MARQUE *au pied de la potence et les* GALÈRES A PERPÉTUITÉ!!!

Tels sont, messieurs, littéralement d'après l'arrêt attaqué, et la condamnation et ses motifs.

Vous allez juger dans un instant combien ils sont en opposition avec les lois. Je me borne à vous prier maintenant d'observer qu'ils seraient *inexplicables* si je ne vous donnais enfin la preuve de cette vérité que j'ai promis , en commençant, de vous démontrer, c'est-à-dire qu'une telle condamnation n'est pas, de la part des juges, l'ouvrage de cette justice absolument impassible et indépendante qui les caractérise ordinairement, mais au contraire qu'elle leur a été *comme arrachée par la force des circonstances.*

En effet, messieurs, daignez y réfléchir, quand on songe qu'elle est principalement fondée sur le grief de la *dénonciation unique* des colons, c'est-à-dire sur la *brochure* des hommes de couleur; quand on songe que la dénonciation rattache la brochure aux bruits prétendus d'une *commotion prochaine ;* quand on songe que la plainte suppose après cela une conspiration dont la *brochure serait le moyen ;* quand on songe que l'arrêt de condamnation ne pouvant pas déclarer constante une conspiration imaginaire, cependant incrimine la brochure en ce que sa publication *coïncide avec les bruits sourds d'une conspiration tramée dans l'ombre ;* quand on songe que le procès qui a fini par la condamnation, et la condamnation elle-même, ainsi que la mesure de déportation, *identiques avec la dénonciation, l'ont immédiatement suivie ;* lorsqu'on fait tous ces rapprochements, n'est-il pas incontestable que c'est à cette *dénonciation toute seule* qu'il faut *attribuer la condamnation et le procès ?* n'est-il pas évident que sans elle ils n'auraient jamais eu lieu? n'est-il pas évident que c'est le *danger* prétendu, dont elle suppose la colonie environnée, ainsi que les *menaces* qu'elle fait au gou= verneur, et de *responsabilité personnelle* de sa part, et de *révolte de la part* des colons, qui ont fait violence à son autorité, *en l'effrayant par ce fantôme de conspiration imaginaire* qu'elle lui présentait ? n'est-il pas évident que cette même cause a pu d'autant plus facilement produire les mêmes effets sur la religion des magistrats, qu'étant colons eux-mêmes, et regardant, comme la plupart des autres colons, les accusés avec le même dédain et les mêmes préjugés, ils ont été plus disposés à les croire coupables dans une cause qui était en quelque sorte la leur propre ; et que par conséquent et pour tout dire en un seul mot, l'autorité comme la justice coloniale n'ont agi dans cette occurrence que parcequ'elles ont été frappées d'une sorte de terreur à peu près semblable à cette terreur panique dont nous parle l'histoire, qui, en bouleversant toutes les facultés intellectuelles, ne laisse aucune place à la réflexion, et qui, pour être d'ailleurs inexplicable, n'en est pas moins tellement irrésistible qu'elle a fait fuir des armées en présence l'une de l'autre ?

Quoi qu'il en soit, messieurs, et en supposant même que la condamnation, libre de toute influence étrangère, aurait été l'effet de la plus entière impassibilité (ce qu'il est impossible d'admettre), dans ce cas encore je vais démontrer qu'elle n'en est pas moins une violation manifeste de toutes nos lois.

PREMIER MOYEN.

Iniquité et injustice évidentes de la condamnation.

En effet, messieurs, je vais établir d'abord que la brochure condamnée, soit qu'on la considère par rapport aux *personnes* auxquelles on en fait un crime, soit qu'on la considère par rapport aux *circonstances* qui y ont donné lieu et qui l'ont rendue nécessaire, soit qu'on la considère en *elle-même*, c'est-à-dire dans son objet et dans son langage, loin d'avoir rien de criminel, n'a rien au contraire que de légitime et de respectable; d'où il suit que l'innocence des condamnés, et par conséquent l'injustice et l'iniquité de la condamnation, sont tellement évidentes *qu'aucune loi pénale n'a pu leur être appliquée.*

Sans doute, messieurs (et je m'empresse d'en convenir), ce moyen d'injustice et d'iniquité de la condamnation, au fond, ne peut en général vous être présenté dans les causes criminelles ordinaires, où le pourvoi doit être réglé par nos nouvelles lois criminelles; et la raison en est sensible :

§ Ier.
En droit,
moyen
recevable.

D'après ces nouvelles lois, les accusés sont jugés par un jury;

Les jurés ne se déterminent que par leur conscience;

Leur conscience n'a d'autre règle que le débat oral;

Les éléments de leur conviction sont fugitifs comme la parole;

Ils ne peuvent se reproduire devant le juge souverain,

Et par conséquent il est, par la nature même des choses, impossible que les moyens d'*injustice et d'iniquité de la condamnation* lui soient présentés.

Mais, messieurs, daignez, je vous en supplie, observer qu'il ne s'agit pas ici d'une *affaire jugée par un jury* et en vertu des *lois nouvelles*, et dont le pourvoi doive être réglé *par ces mêmes lois :*

Il y est question, au contraire, d'une condamnation prononcée en vertu de nos *anciennes lois criminelles.*

Ce sont ces lois anciennes qui seules peuvent régler le pourvoi contre cette condamnation effroyable.

D'après ces lois, le procès a été jugé *par écrit;* les éléments de conviction propres à déterminer la justice sont dans les interrogatoires, dans les informations, dans les confrontations, en un mot, dans les seules pièces écrites de la procédure. Dès lors ces éléments peuvent se reproduire devant la justice suprême comme ils se sont présentés aux premiers juges; et par conséquent, dans ces sortes d'affaires, les moyens d'injustice et d'iniquité de la condamnation peuvent être présentés devant elle de même qu'ils l'ont été devant eux ; de ma-

nière que si j'établis que nos anciennes lois criminelles ouvraient aux condamnés ce moyen de cassation, j'aurai prouvé qu'il est admissible.

Or, il est incontestable que, d'après ces lois, le
moyen d'*injustice et d'iniquité de la condamnation
était ouvert aux malheureux condamnés.* C'est ce
qu'en peu de mots il est facile d'établir jusqu'à la
plus irrésistible évidence.

En effet, deux grands principes, qui semblent
d'abord se contrarier, et qui pourtant se confondent
dans le double intérêt de la justice et de l'innocence, formaient à cet égard notre ancien droit
criminel.

Le premier, puisé dans le respect dû à la magistrature, était ce principe d'ordre public qui veut
que les procès finissent, et qu'on ne porte pas lé-
gèrement atteinte à l'autorité de la chose jugée,
mais qu'au contraire la chose jugée ait la force de
la vérité même :

Res judicata pro veritate habetur.

Et le second, puisé dans la *faveur* de l'innocence, était ce principe à la fois d'ordre public et
d'humanité, qui ne permet pas que l'innocence
reste opprimée par une condamnation évidemment
injuste ; mais qui exige au contraire qu'elle puisse
avoir son recours auprès du juge souverain des juges, et à la source de toute justice.

Aussi, messieurs, et la loi romaine, et nos anciennes lois françaises, qui les suivaient comme la raison écrite, ouvraient-elles aux condamnés ce moyen de rétractation.

La loi 33, D. *De re judicatâ*, avait à cet égard, en leur faveur, une disposition précise, et nos anciennes ordonnances, dictées par le même esprit de justice et d'humanité, étaient également formelles.

D'abord, l'ordonnance de 1479, à l'exemple des lois romaines, et sous le nom de *propositions d'erreur*, admit, tant en matières civiles qu'en matières criminelles, *le mal jugé* comme moyen de rétractation contre *le fond même du jugement*; et nous en avons la preuve dans les nombreux exemples d'arrêts souverains ainsi rétractés, tels que les arrêts de Cabrières, de Merindol et des officiers de Cambray.

A la vérité, l'ordonnance de 1667 ayant aboli les propositions d'erreur en matières civiles, mais sans parler des affaires criminelles, on pourrait induire de son silence qu'elle les aurait également supprimées dans ces dernières comme dans les autres.

Mais outre qu'on pourrait aussi en conclure le contraire, il est certain non seulement que l'ordonnance de 1670 les a formellement conservées, et si l'on veut *rétablies*, sous le nom de *révision*, mais encore que le Roi, dans son conseil, les a fait revivre tout à la fois, et comme moyen de révision et *comme moyen de cassation ;* de manière qu'on les y admettait *cumulativement l'un* et *l'autre :* c'est ce qu'explique très disertement Jousse, dans son Traité des matières criminelles, t. II, p. 777, 780 et 781, ainsi que le règlement de 1738, titre V, des demandes en cassation, p. 261, 262 et 263 ; et c'est aussi ce que prouve l'exemple du procès de Langlade, de celui de Lally-Tolendal, et d'autres semblables, dans lesquels la condamnation a été rétractée et les arrêts cassés *par ce moyen du fond,* c'est-à-dire à cause de *leur iniquité* et de *leur injustice* évidentes.

Cela posé, messieurs, il est incontestable que si les condamnés qui ont été jugés en vertu des lois anciennes pouvaient encore se présenter à l'ancien conseil du Roi (ce qui n'est pas puisqu'il n'existe plus), ils seraient recevables à invoquer en leur faveur le bénéfice de ce moyen extraordinaire que ces mêmes lois leur accordent.

Or, ce qu'ils pourraient faire auprès du conseil du Roi, s'il existait encore, ils le peuvent évidemment devant la cour suprême, puisque la cour le représente, qu'elle en a toutes les attributions, que ses attributions se renferment toutes dans l'attribution générale de rétracter indistinctement tous les arrêts contraires à la loi, et que ce droit de rétractation général est sans exception des causes jugées d'après les lois anciennes et de celles qui l'ont été d'après nos lois nouvelles.

Seulement la cour, au lieu de prononcer dans les formes de l'ancienne révision, qui ne peuvent plus être observées, doit prononcer par voie de cassation ; et pour cela rien ne s'y oppose dans les lois même de son institution actuelle, parcequ'il n'y a rien d'incompatible entre ces lois réglémentaires et l'exécution des lois pénales ; ce qui se démontre, messieurs, par cette dernière observation, que je soumets avec respect mais avec confiance à votre justice :

S'il était vrai que, sous le prétexte des lois nouvelles de votre institution, l'innocence opprimée par une condamnation assez inique et assez injuste pour qu'elle eût infailliblement entraîné au conseil du Roi la rétractation de l'arrêt ; s'il était vrai que, sous le prétexte des lois nouvelles de votre institution, une telle condamnation ne pût pas vous être déférée par le même moyen qui l'aurait fait anéantir au conseil, voyez, messieurs, quelles seraient les conséquences d'une telle doctrine !

Il en résulterait d'abord que la loi en vertu de laquelle les condamnés ont été jugés n'aurait d'effet à leur égard que lorsqu'il s'agirait de les *frapper de mort ou d'infamie*, mais qu'elle serait sans force *quand elle les protège ;* et qu'en même temps qu'elle userait envers eux de *toute sa rigueur* pour les condamner, ils ne pourraient appeler à leur secours les *moyens mêmes qu'elle leur offre pour se justifier et pour se défendre.*

Mais prenez-y garde, messieurs, cette première conséquence en entraînerait une autre bien remarquable.

La demande en rétractation d'un arrêt de condamnation pour cause *d'injustice et d'iniquité au fond* est un recours extraordinaire *à l'autorité souveraine elle-même,* comme *source de toute justice;* ce recours extraordinaire n'a été établi qu'en faveur de l'*innocence injustement condamnée,* comme un dernier moyen de défense contre l'espèce d'*oppression* dont il suppose qu'elle peut être la victime ; il diffère des *recours ordinaires* en cassation en ce sens, que dans ceux-ci on n'attaque pas, ainsi que dans l'espèce de l'autre, le *jugement au fond,* comme *contraire à la justice,* mais seulement dans la forme, comme *contraire aux ordonnances.* Nos criminalistes le considèrent comme une espèce de *voie de grâce,* sur laquelle il n'appartient qu'au Roi seul de statuer dans son conseil ; et quand Sa Majesté le juge, elle use de sa *prérogative souveraine.*

Or, messieurs, si la doctrine que je combats pouvait prévaloir, n'est-il pas évident qu'il en résulterait non seulement que les lois anciennes, d'après lesquelles les trois malheureux hommes de couleur de la Martinique ont été condamnés, *n'auraient* pas, à leur égard, d'*exécution* dans ce qu'elles leur ont de *favorable*, mais encore que Sa Majesté même ne pouvant plus, dans cette circonstance unique, user, en faveur de l'innocence opprimée, de sa puissance souveraine, elle se trouverait en quelque sorte paralysée dans l'exercice de sa plus belle prérogative ?

§ 11.
En fait,
moyen
fondé.

Voyons maintenant si l'*injustice* et l'*iniquité* de la condamnation ne sont pas irrésistiblement démontrées.

Et quels sont d'abord, messieurs, les hommes auxquels on fait un crime de la brochure condamnée ?

1º Ce que
sont les
condamnés.

Ce sont des hommes de couleur libres.

Les hommes de couleur libres sont originaires des blancs.

Parmi eux sont des généraux, des savants, des hommes de lettres, des artistes distingués, qui ont honoré et qui honorent encore la mère-patrie.

Ils enrichissent la colonie par leur industrieuse activité.

Ils supportent aussi toutes les charges de l'état et paient de grandes contributions.

Intermédiaires entre les colons et les esclaves, ils n'ont cessé, dans tous les moments de péril, de montrer leur dévouement au roi et à la France.

On observe avec raison, dans tous les écrits publiés jusqu'à présent pour leur défense, que MM. les gouverneurs eux-mêmes de la colonie savent très bien qu'il n'y a pas de sujets plus dévoués et plus fidèles.

C'est un hommage que leur rendent les écrivains, et notamment M. Boyer de Peyretaut, et c'est d'ailleurs une vérité que démontrent des faits récents et pour ainsi dire contemporains de leur condamnation.

Ainsi, au moment de la guerre d'Espagne, ils protestèrent, dans une adresse à M. le gouverneur de l'île, de leur dévouement au roi, et ils offrirent leur sang et leurs bras pour la défense de la colonie si l'ennémi osait l'attaquer : comme s'ils avaient prévu la gloire immortelle et pure dont monseigneur le dauphin devait se couvrir dans cette guerre sacrée de l'honneur et de la légitimité. Ainsi, en 1822, et lorsque la tranquillité de la colonie fut menacée, comme je l'ai dit en commençant, par l'insurrection des noirs, ils avaient déjà fait éclater leurs nobles sentiments en se mettant à la tête des colons pour la défense de la colonie et en contribuant avec eux à la pacifier.

Du reste, messieurs, et quant à leurs personnes, les condamnés sont des négociants pleins d'honneur et de probité, des citoyens paisibles, et des pères de famille (du moins Bissette et Fabien fils, car Volny n'est pas marié), des pères de famille recommandables, non seulement par eux-mêmes, à cause de leurs qualités personnelles, mais encore par leurs nombreux enfants, qu'ils élèvent dans les principes de la morale et de la religion, et par leurs vertueuses épouses, dont je voudrais pouvoir vous montrer la noble et touchante correspondance.

En un mot, messieurs, tels sont les hommes qui ont été condamnés à l'infamie pour avoir, dans la brochure incriminée, réclamé leur *liberté légale.*

Certes, de tels hommes et de tels citoyens étaient bien dignes de l'obtenir cette liberté précieuse ; et l'on conçoit déjà difficilement qu'on ait pu leur faire un crime de la réclamer.

2° Ce qu'étaient les circonstances.

Mais, messieurs, dans quelles circonstances encore en ont-ils témoigné le désir ? Et s'il est vrai qu'alors la *législation coloniale* elle-même qui les gouvernait leur en reconnaissait le droit imprescriptible et leur en donnait la garantie, que penser de leur condamnation ?

Eh bien, messieurs, daignez m'honorer d'une attention nouvelle.

Dans tous les temps la France a été proclamée par les peuples civilisés de l'Europe *la terre de la liberté.*

Législation coloniale.

Si dès l'origine nos rois n'ont pu étendre les bienfaits de cette liberté dans leurs colonies, et si, au contraire, l'esclavage et la traite des noirs s'y sont introduits par le fait des premiers colons eux-mêmes, ce n'est pas que Leurs Majestés n'aient dans tous les temps manifesté l'intention d'y abolir toute espèce de servitude, en y opérant par degrés la fusion de toutes les castes qui les composent; et c'est un hommage qu'il nous est bien doux de rendre à la bonté toute paternelle de la race auguste des Bourbons qui nous gouverne, ainsi qu'à la sollicitude admirable avec laquelle ils ont dirigé vers ce but notre législation coloniale.

Dès le dix-septième siècle, Louis XIII, considérant avec raison la propagation des principes de notre religion sainte comme un moyen d'opérer par degrés dans nos colonies cette importante réforme, donna, par son édit du mois de mars 1642, les îles de l'Amérique, et notamment la Martinique, à titre d'inféodation, à une compagnie privilégiée, à la charge d'y *établir* et d'y faire *fleurir* la *religion catholique ;* et pour encourager (dit en propres termes Sa Majesté dans cet édit) à y transférer leurs demeures ceux de ses sujets qui en auraient le désir, mais qui pourraient être retenus par la crainte que leurs enfants n'y perdissent leurs droits de naturalité, Sa Majesté ordonna :

« Que les descendants de Français habitués aux-
» dites îles, et même les sauvages *convertis à la*
» *foi chrétienne*, seraient censés et *réputés naturels*
» *français*, capables de toutes charges, honneurs,

Édit de
Louis XIII,
du mois de
mars 1642.

» successions et donations, *ainsi* que les *originaires*
» et les *régnicoles.* »

Loi véritablement admirable, messieurs, qui fait
servir la religion au triomphe de la liberté légale,
et qui, par cette noble alliance de l'une avec l'autre,
nous prouve que la liberté comme la religion a
quelque chose aussi d'inviolable et de sacré !

Un tel exemple donné par Louis-le-Juste aux
rois ses successeurs ne pouvait manquer d'être
suivi par Louis XIV, qui avait en lui le sentiment
de toute espèce de grandeur véritable.

Édit de
Louis XIV,
du mois de
mars 1685,
appelé le
Code noir.

Aussi le grand roi, après avoir révoqué en 1679
cet édit, seulement en ce qui concerne les priviléges accordés à la compagnie, pour replacer la
colonie sous la protection directe de Sa Majesté
elle-même, et voyant ensuite que cette révocation
n'avait pas empêché que les hommes de couleur
ainsi que les esclaves ne continuassent à gémir sous
le poids de l'inégalité civile et politique, et de l'arbitraire du régime colonial, Sa Majesté résolut de
mettre un terme à leur oppression, et en conséquence elle rendit son fameux édit du mois de
mars 1685, qu'on appelle le *Code noir*, et par lequel elle déclare :

Art. 57. « Que l'affranchissement fait dans les
» îles *tient lieu de naissance*, et que les *esclaves af-*
» *franchis* n'auront pas besoin de lettres de natura-
» lité pour jouir de l'avantage de ses sujets *naturels*

» du royaume, encore qu'ils soient nés dans les
» pays étrangers ; »

Et (art. 59) « que les affranchis auront *les mêmes*
» *droits*, priviléges et immunités dont jouissent les
» *personnes libres ;* que le mérite d'une *liberté ac-*
» *quise* doit produire en eux, tant pour leurs per-
» sonnes que pour leurs biens, le même bonheur
» que celui de la *liberté naturelle* cause à tous les
» autres Français. »

Vous le voyez, messieurs, cette loi fondamen-
tale, qu'on peut regarder comme la *charte consti-*
tutionnelle des hommes de couleur libres, est bien
expresse et bien impérative, et elle n'a jamais été
révoquée.

Au contraire, elle a été *confirmée*, du moins
implicitement, et par Louis XV, ce roi bien-aimé,
et par Louis XVI, ce roi martyr de sainte et immortelle mémoire, et par Louis-le-Désiré, cet auguste fondateur de nos libertés.

Elle a été confirmée, du moins implicitement, Ordonnance
par Louis XV, dans son ordonnance du 2 mars de Louis XV,
du 2 mars
1737, *qui abolit la traite des Caraïbes et des In-* 1752.
diens ; puisque Sa Majesté, par cette ordonnance
célèbre, a proclamé, comme le Code noir, *l'illé-*
gitimité primordiale de l'esclavage en lui-même,
et le principe immuable de la *liberté naturelle* de
l'homme.

Elle a été confirmée, du moins implicitement,

Édit de Louis XVI, du 25 juin 1765.

par Louis XVI, dans son édit du 25 juin 1765, puisque Sa Majesté, en se plaignant dans cette loi de ce que la métropole avait été plus d'une fois obligée de *réprimer les prétentions excessives des blancs*, et en leur *reprochant* leur *insubordination* peu corrigée, et quelquefois même *soutenue par les gouverneurs*, mettait ainsi sous sa protetion royale les esclaves et les hommes de couleur libres, qu'ils opprimaient.

Charte constitutionnelle.

Elle a été confirmée enfin par Louis XVIII, soit dans la charte constitutionnelle, octroyée à ses peuples par Sa Majesté; soit dans son ordonnance du 22 novembre 1819, qui, à l'égard des hommes de couleur, n'en est que le développement et l'exécution : et c'est ce qui demande, en peu de mots, une explication importante.

Je dis en premier lieu que la charte constitutionnelle annonce implicitement aux hommes de couleur de nos colonies le bienfait de cette liberté légale que leur avait octroyée le Code noir, puisque les colonies étaient alors déclarées, par la proclamation de Louis XVI, du 10 mars 1790, *partie intégrante de la France;* que la charte, dans la distribution de ses bienfaits, embrasse, sans *aucune exception*, la monarchie *tout entière.* Que si elle déclare par son article 73 que les colonies *seront régies par des lois particulières*, elle ne peut entendre par là rien autre chose, si ce n'est qu'elle veut leur donner une liberté particulière appropriée à *leurs mœurs* et à *leurs besoins;* mais enfin une liberté de la même nature que celle qu'elle assure à tous les Français, et nécessairement coordonnée avec elle ; mais qu'il est impossible de supposer, sans une inconséquence manifeste, qu'en leur promettant cette liberté qui est l'objet unique du pacte fondamental de la monarchie, elle ait voulu les mettre *hors de cette loi commune*, *par un droit public contradictoire* avec ses dispositions générales, ainsi qu'avec les ordonnances antérieures, et surtout avec le Code primordial qui les concerne et règle le principe fondamental de leur liberté politique.

Mais si cela est incontestable, implicitement d'après la charte, cela est bien plus incontestable encore d'après les dispositions explicites et formelles de l'ordonnance de 1819.

Par cette loi qui n'est, je le répète, que le développement des promesses consignées dans la charte, Sa Majesté, *en conformité du droit public des Français*, ordonne « que dans nos colonies les » arrêts et jugements *seront motivés;* que la peine » de la confiscation des biens des condamnés sera » abolie ; qu'au surplus, et sans le moindre délai, » seront repris et complétés les travaux commencés » relativement à la mise en vigueur, dans nos pos-» sessions d'outre-mer, des dispositions des nou-» veaux codes.

Ordonnance de Louis XVIII, de 1819.

« Qu'une organisation judiciaire aussi rappro-
» chée que faire se pourra de celle de la métropole
» sera établie dans les colonies ; et qu'enfin, à la
» Martinique, ces travaux seront rédigés par le
» commissaire que Sa Majesté y envoie à cet effet. »

Or quand le roi, en exécution des *garanties promises* par la charte et en *conformité du droit public des Français*, annonce aux colonies, et particuliè-rement à la Martinique, la mise en vigueur dans nos possessions d'outre-mer des dispositions des nouveaux codes, ainsi qu'une organisation judi-ciaire appropriée à celle de la métropole, n'est-il pas évident que Sa Majesté veut les faire jouir, avec les modifications les plus utiles à leur bonheur particulier, de toutes les libertés consacrées par nos lois ?

Dans cette dispensation de ses faveurs royales, n'est-il pas évident que Sa Majesté ne *distingue* point les hommes de couleur libres des colons ; et qu'ainsi, puisque les ordonnances antérieures de nos rois, et notamment le Code noir, qui ne sont *point rapportées*, les confondent tous dans *la même bienveillance*, Sa Majesté, de même que le grand Roi son aïeul, veut aussi, à l'égard des premiers, « *que le* » *mérite d'une liberté acquise produise en eux*, tant » pour leurs personnes que pour leurs biens, *les* » *mêmes effets* que le bonheur de la liberté natu-
» relle *cause à tous les autres Français ?* »

Telle était, lorsque la brochure condamnée a paru, notre législation coloniale ; et il est évident que cette législation promet aux hommes de couleur, ou plutôt leur accorde et leur garantit, *la liberté légale* qu'ils réclament.

Maintenant, en jouissaient-ils à cette époque? et quelle était leur situation particulière?

Il faut ici bien distinguer, messieurs, la véritable législation de nos colonies, et notamment à la Martinique, d'avec le régime colonial.

La véritable législation des colonies, ce sont les édits, les ordonnances et les déclarations de nos rois ; et le régime colonial consiste dans les arrêtés, décisions et règlements de l'autorité locale, qui devraient n'en être que le corollaire et l'exécution.

Or l'histoire de nos colonies prouve que ces deux choses qui devraient être inséparables et comme identiques ne sont que trop souvent différentes et quelquefois contradictoires ; et vous en avez, messieurs, une preuve bien frappante dans l'édit même de Louis XVI, du 25 juin 1725, puisque le roi s'y plaint de ce que les gouverneurs ont quelquefois soutenu les prétentions excessives et jusqu'à l'insubordination des blancs à un tel point que la métropole s'est vue forcée de les réprimer.

Eh bien, messieurs, cette liberté légale que

la législation coloniale accorde et garantit aux hommes de couleur, le régime colonial de la Martinique, à la différence de la plupart de toutes les autres colonies de l'Europe, la leur refuse impitoyablement.

Résultats de cette législation.

En effet, messieurs, si vous jetez d'abord les yeux sur les autres colonies, vous voyez que, d'une part, l'esprit de justice, d'humanité, de prévoyance, et par conséquent la haute et sage politique qui a dicté les ordonnances de Louis XIII, de Louis XIV, de Louis XV, de Louis XVI et de Louis XVIII, en faveur des colonies, ainsi que les mesures prises par sa majesté Louis XVIII pour leur assurer, par degrés, l'exercice de tous les droits à la liberté légale qui peuvent leur appartenir ; et d'un autre côté cette marche, que je ne cherche point à caractériser, mais qui est universelle, irrésistible, incontestable, cette marche des esprits vers la liberté politique et civile ; ces deux causes réunies ont déjà produit d'immenses résultats dans les deux mondes en faveur des esclaves et de ce qu'on appelle dans nos colonies les hommes libres de couleur.

Ainsi, l'Américain indigène possède tous les droits civils et politiques, et peut même obtenir des lettres de noblesse.

Ainsi, dans les colonies espagnoles, les hommes de couleur ont obtenu la jouissance des mêmes droits.

Ainsi, dans les Antilles anglaises, ils jouissent également de tous leurs droits civils et d'une partie de leurs droits politiques.

Ainsi les autres colonies anglaises ont obtenu de la sagesse du gouvernement britannique des institutions basées sur celles dont Louis XVI a donné le modèle dans son édit de 1787.

Ainsi, même dans les colonies qui n'ont point encore de législation coloniale, telles que la Trinité, Sainte-Lucie, Démérary, sa majesté le roi de la Grande-Bretagne a fort amélioré le sort de la population esclave.

Ainsi la traite des noirs est abolie par un commun accord entre toutes les puissances de l'Europe.

Ainsi tout récemment encore la première et la plus importante de nos colonies est reconnue indépendante, et dans cette même colonie les hommes de couleur étaient, avant son indépendance, les premiers hommes de l'état.

En un mot, partout sur le continent, dans le Nouveau-Monde et dans l'archipel des Antilles, le vieux système colonial, s'il n'a totalement péri, a du moins éprouvé de grandes modifications en faveur des esclaves et des hommes de couleur. Eh cependant, au milieu de toutes ces innovations, il n'y avait, à l'époque où parut la brochure condamnée, que les hommes de couleur de la Guadeloupe et de la Martinique qui n'en eussent pas ressenti les heureux effets.

Au contraire, non seulement ni l'ordonnance du 27 juin 1787, ni le Code noir de Louis XIV, ni les autres lois rendues en faveur des hommes de couleur de nos colonies ne sont observées à la Martinique, et non seulement ces lois n'ont point amélioré leur sort ; mais au contraire ils restent toujours dans le même état de dépendance, de servitude et d'humiliation, sous le joug des mêmes distinctions, des mêmes priviléges et des mêmes préjugés.

Ce n'est pas ici le lieu de rappeler tous les règlements tyranniques qui ont été portés contre eux depuis deux siècles par l'autorité, et toutes les mesures oppressives qui ont été prises contre eux, au mépris de cette même législation coloniale : il nous suffit d'en présenter, au milieu de tant d'autres, quelques exemples nouveaux.

Ainsi, d'après les ordonnances de 1685 et de 1777, les hommes de couleur libres affranchissaient de droit une esclave en l'épousant, et lui transmettaient, ainsi qu'à leurs enfants, leurs droits et leur fortune ; seulement l'ordonnance de 1777, en autorisant les nobles qui avaient épousé une esclave à leur transmettre le titre de *blancs*, les privait de la faculté de leur transmettre leur titre de noblesse, ce qui avait eu lieu auparavant sans difficulté jusqu'en 1704 ; et par ces mêmes ordonnances, les colons et les hommes libres pouvaient réciproquement hériter les uns des autres.

Eh bien, messieurs, rien de tout cela n'a lieu ; mais les arrêtés de l'autorité coloniale de 1726, et qui ont été confirmés de nouveau par le conseil souverain de la Martinique, lorsque le Code civil fut proclamé dans la colonie, ont privé les hommes de couleur du *droit d'hériter des blancs*, tout en leur conservant celui de *tester en leur faveur*.

Ainsi c'est encore en vain que les ordonnances assurent aux esclaves les avantages d'un affranchissement régulier, et aux hommes de couleur ceux d'une légale émancipation.

Le régime colonial a imaginé une espèce particulière d'hommes de couleur qu'il appelle *semilibres*. Ces hommes *semi-libres* sont les enfants issus d'un homme libre et d'une femme esclave. Ils devraient être libres, par cela seul qu'ils n'ont point de maître ; mais, d'après le régime colonial, il faut, pour qu'ils puissent le devenir, qu'ils fassent ratifier leur liberté par le gouverneur. Le prix de cette ratification, qui ne montait d'abord qu'à 600 liv., a été porté par la suite de 1500 à 4,000 francs ; et comme il est rare que ces malheureux aient la somme nécessaire, le gouvernement colonial les vend, *comme épaves*, aux enchères publiques.

Ainsi c'est en vain qu'en 1805 le code français a été introduit à la Guadeloupe et à la Martinique : il ne profite qu'aux blancs, et les hommes de couleur libres ne participent presque à aucun de ses bienfaits.

Ainsi le régime colonial, non content d'opposer la rigueur de son arbitraire à la législation coloniale en activité, se refuse encore à rapporter de vieilles ordonnances tombées en désuétude, et qui leur défendent de vendre en détail ce qu'ils achètent en gros, ainsi que de vieilles lois somptuaires, par lesquelles, *sous peine d'amende*, un genre particulier d'habillement leur est prescrit : il conserve les unes pour les empêcher de faire des spéculations avantageuses, et les autres pour les tenir dans une espèce d'abjection.

Ainsi, pour les tenir encore plus sûrement dans la misère et dans l'opprobre, non seulement le régime colonial prend des mesures pour les exclure des professions honorables et lucratives, telles que celles d'avocat, de notaire, de médecin, chirurgien, pharmacien et autres ; mais la police veille encore à les exclure de certaines places, ainsi que des spectacles, où ils ne peuvent rester que relégués parmi leurs domestiques, et même des églises, où ils n'ont le droit d'adresser à Dieu leurs prières que lorsque les blancs se sont retirés, comme si la présence d'un homme de couleur pouvait rendre moins pur l'encens qu'ils élèvent vers la Divinité.

Ainsi enfin, en même temps que la police et l'autorité sont d'accord pour les humilier de la sorte, la justice elle-même est sans force pour protéger soit leurs personnes soit leurs propriétés.

En voici, messieurs, quelques exemples entre autres que ces infortunés rapportent dans leur brochure.

1° Après avoir observé que rien, dans les campagnes surtout, ne protège les hommes de couleur libres, en telle sorte que si la propriété de l'un d'eux y convient *à un colon blanc* il doit la lui céder, ou s'attendre à voir ses champs envahis, ils exposent,

Qu'un colon ayant convoité la propriété d'un homme de couleur libre, la fit ravager impunément par ses troupeaux, sous prétexte que ses offres d'achat avaient été refusées, et réduisit pour ainsi dire ce malheureux à la mendicité.

Ils ajoutent,

Qu'un malheureux jeune homme, après avoir, pendant sept années consécutives, servi dans les pionniers chez un commandant de quartier, pour y obtenir sa liberté, et sa mère ayant refusé de vendre à une parente de ce commandant sa génisse, celui-ci le fit rayer de la compagnie dans laquelle il servait, de manière que pour redevenir libre il lui fallut recommencer huit autres années de corvées et d'épreuves.

Ils parlent après cela d'un homme de couleur libre qui fut assassiné dans une assemblée par un blanc, sans motif ou du moins sans provocation ; et ils annoncent non seulement que ce crime est resté impuni, mais encore qu'après une année d'absence son auteur est rentré chez lui en triomphateur, et a été revêtu plus tard de la charge de commissaire de son quartier.

Enfin, après avoir rappelé les arrêtés qui, au mépris des ordonnances en vertu desquelles les colons et les hommes de couleur libres qui épousent des esclaves peuvent réciproquement hériter les uns des autres et transmettre à leurs enfants leurs droits et leurs fortunes ; après avoir rappelé les arrêtés coloniaux qui, au mépris de ces lois, privent l'homme de couleur et ses enfants des avantages qu'elles lui accordent, ils observent que s'il se trouve un homme blanc qui ne soit pas endurci ou dégradé par le préjugé de sa caste, il emploie le seul moyen qui lui reste pour soustraire ses *enfants de couleur* à la rigueur de ces décisions, c'est-à-dire qu'il dépose entre les mains de l'homme de sa classe dans lequel il a mis sa confiance les dons qu'il destinait après sa mort à sa famille infortunée ; mais ils ajoutent qu'alors il arrive très souvent que le mandataire, en abusant du fidéicommis pour s'emparer de la fortune du testateur, pousse la cruauté jusqu'à vendre à son profit, comme ses esclaves, et les enfants de couleur, et la négresse leur mère, auxquels cette fortune était destinée. En voici un exemple qu'ils citent en ces termes, et à l'appui duquel ils invoquent une décision coloniale du 28 juin 1808.

« Parmi les nombreuses infidélités dont se sont rendus coupables les mandataires des *fidéicommis*, nous n'en citerons qu'une seule : elle est devenue publique par un arrêt, ainsi nous ne craignons pas de la rapporter.

» Un riche célibataire avait deux filles naturelles. Cédant à l'impulsion de son cœur, il voulut leur faire du bien, ainsi qu'à une négresse, mère de l'une d'elles.

» Mais il ne put, d'après l'édit que nous avons cité, leur léguer directement ses bienfaits. Il choisit donc celui de ses amis dont l'intégrité paraissait le mieux reconnue. Il l'institua son légataire universel, sous la condition bien expresse qu'il donnerait la liberté aux trois personnes dont il vient d'être question, et qu'il leur remettrait fidèlement les bienfaits que leur destinait un ami, un père mourant. Le légataire universel jure d'accomplir toutes les obligations qu'on lui impose, et recueille la succession du défunt, même au préjudice d'un cousin. Il n'exécute aucune des conditions qui lui avaient été dictées à l'égard de ces trois femmes, meurt, et transmet à son frère sa fortune, celle de son ami et les trois malheureuses qui étaient encore dans la plus cruelle incertitude. L'avidité de ce dernier ne les y laissa pas longtemps. A peine entré en jouissance, il s'adresse à l'autorité, et sollicite l'autorisation de *les vendre à son bénéfice aux enchères publiques.* Il l'obtient, et à l'heure qu'il est ces trois victimes gémissent dans la servitude et l'opprobre, et courbent un front humilié devant leur orgueilleux spoliateur. »

Telle était, messieurs, la situation des hommes de couleur à la Martinique lorsque la brochure condamnée *comme séditieuse* parut dans la colonie, c'est-à-dire lorsque ces infortunés, en se plaignant d'un tel régime, ont réclamé *leur droit à la liberté légale,* dont il les privait si cruellement; mais qui néanmoins leur était si formellement accordée par les lois.

Or j'en adjure ici vos consciences, messieurs, cette situation des hommes de couleur ne rendait-elle pas une telle réclamation et légitime et nécessaire? ou du moins est-il possible, sous ce rapport des circonstances, de la considérer comme criminelle?

Voyons donc si elle est coupable en elle-même.

Elle est intitulée « De la situation des hom- » mes de couleur libres aux *Antilles françaises*. »

De la brochure en elle-même.

Et ce titre apparemment n'a rien de *séditieux*, puisqu'il ne fait qu'annoncer un exposé des griefs dont les hommes de couleur libres croient avoir à se plaindre, et qu'en effet elle n'est rien autre chose que le rapprochement des abus du régime colonial avec les bienfaits de la législation de la colonie telle que nous venons de la présenter.

Elle a pour épigraphe ce passage du psaume septième de David, verset deux :

« Seigneur, *je mets en toi ma confiance*. Sauve-moi » de mes persécuteurs et délivre-moi de leurs mains. »

Et sans doute encore, on ne trouvera pas un acte de révolte dans cette touchante invocation à la justice divine.

Quant à son texte, elle ne pourrait être condamnable que dans son *objet* ou dans son *langage*.

Eh bien ! messieurs, son objet, quel est-il? ce n'est point assurément d'exciter dans la colonie une commotion populaire, car on n'y trouve pas la moindre provocation, ni directe ni indirecte, soit à la *désobéissance aux lois*, soit à l'*irrévérence envers le gouvernement*, soit au *mépris de la religion*, soit à un *soulèvement contre l'autorité royale*.

Objet de la brochure.

Son objet unique, il se trouve clairement énoncé dès le principe en ces termes (page 6) :

« *Les gens de couleur libres* demandent donc, au

» nom de la justice et de l'humanité, la destruc-
» tion *des lois exceptionnelles* qui les régissent ; et
» qu'on leur donne une législation *en harmonie avec*
» *l'état actuel de la législation.* »

Que dis-je, messieurs ? *cette liberté légale*, la
seule chose qu'ils réclament, ils ne la demandent
pas pour *eux seuls*, ni beaucoup moins encore *au
détriment des colons*, dont ils désirent au contraire que tous les *droits soient conservés ;* de même
aussi qu'ils ne la demandent pas *entière*, *absolue*,
illimitée et soudaine, mais seulement telle, ou avec
telles modifications, et à telle époque qu'il pourra
plaire à Sa Majesté de la leur accorder, pour le plus
grand bonheur de tous ses sujets : et je vous supplie, messieurs, de bien observer que ce n'est pas
moi qui interprète ici leur pensée, puisque voici
dans quels propres termes ils l'expriment, soit
dans la brochure condamnée, soit dans la première
des pièces de conviction produites contre eux au
procès, c'est-à-dire dans leur projet d'adresse à
la chambre élective.

« Nous ne demandons (disent-ils dans ce pro-
» jet d'adresse) rien de plus que ce que les circon-
» stances permettent de nous accorder.

» N'exposons ni la propriété ni la vie de nos sem-
» blables. Mais daignez nous faire jouir de ceux de
» nos droits qui sont compatibles avec le bonheur
» et la sécurité de tous.

» *L'égalité devant la loi,* voilà l'objet de notre
» *humble prière :* elle suffit à nos vœux ; *la Provi-*
» *dence et le temps* amèneront plus tard et sans dan-
» ger la plénitude de nos droits politiques. »

Et quant à la brochure elle-même, après y
avoir rappelé le dernier des abus dont ils se plai-
gnent, l'horrible abus des fidéicommis, et la
vente plus horrible encore aux enchères publiques
des malheureux enfants de couleur, et de la négresse leur pauvre mère, ils s'écrient : « Ah ! qu'il
nous soit permis d'espérer des jours plus heureux,
d'espérer que l'on arrêtera enfin le cours de ces
iniques spoliations, et que, tout *en s'occupant
du bien-être des colons blancs,* on ne méprisera pas
les justes plaintes *des gens de couleur libres.* Nous
en conjurons l'*auguste dispensateur* de l'autorité
suprême, en qui *notre confiance est aussi grande
que notre amour pour sa personne sacrée. Nous en
conjurons celui qui fait bénir son nom à trente mil-
lions de Français , et admirer sa sagesse au reste de
l'univers.* »

Assurément encore, messieurs, il n'y a rien
dans l'*objet* de cette brochure de répréhensible :
et par conséquent elle ne pourrait être condamnable que par son *langage.*

Or on peut dire qu'autant elle est innocente et
pure, dans le but qu'elle se propose, autant elle
est circonspecte et noble dans ses expressions.

Il est vrai, messieurs, qu'elle se sert quelquefois des mots d'iniquité, d'injustice, d'orgueil, d'oppression, de vexation, d'inhumanité, de barbarie, et de révoltantes prérogatives des colons; parcequ'alors elle vient d'en citer des exemples tels que nous les avons reproduits il n'y a qu'un instant; et parceque d'ailleurs il était impossible de caractériser ces faits en d'autres termes que ceux qui sont destinés dans notre langue à les exprimer.

Mais à part ce que ces expressions pourraient avoir, si l'on veut, de trop énergique, et qu'il est bien juste pourtant de pardonner à des hommes qui souffrent, les deux passages que nous venons de citer nous donnent une juste idée du langage continuel de la brochure, et l'on y trouve partout *la même modération*, *la même humanité*, *la même résignation*, *la même soumission aux lois*, ainsi que *le même respect pour le roi et son gouvernement*.

Par conséquent, messieurs, elle n'a, sous ce dernier rapport, non plus que sous les autres, absolument rien de condamnable, puisqu'en dernière analyse elle n'est rien autre chose, sous la forme d'une brochure, qu'*une supplique respectueuse* adressée au Roi lui-même, comme source de toute grâce et de toute justice, et dans laquelle des hommes qu'on appelle libres, mais qui ne le sont point, réclament au nom des lois la liberté légale et la reconnaissance des droits imprescriptibles que ces mêmes lois leur accordent , mais qu'un régime arbitraire leur refuse.

Or assurément une telle pétition , loin d'être criminelle, n'a rien que de légitime et de respectable, en ce que celui-là seul mériterait d'être esclave qui, retenu sous le joug de l'arbitraire, serait assez insensible à la liberté légale pour ne pas la réclamer à l'ombre des lois elles-mêmes ; tandis qu'au contraire celui qui en sent tout le prix, et qui la revendique avec ardeur, et pourtant avec modération et avec respect auprès de son roi, annonce qu'il est bien pénétré tout à la fois, et d'un profond sentiment de sa dignité personnelle, et d'une juste confiance dans l'autorité souveraine.

Oui, messieurs, je le répète, loin qu'une telle brochure ait rien *de criminel,* au contraire elle n'a rien que de *légitime* et de *respectable.*

Laubardemont lui-même, avec son art de dénaturer les faits et d'empoisonner les intentions, n'aurait pu parvenir à la rendre séditieuse ; et pour qu'on pût la condamner comme telle, il faudrait..., daignez m'écouter, messieurs ,... il faudrait qu'il existât une loi qui, *défendant aux malheureux de se plaindre , à celui qu'on opprime de désirer une amélioration à son sort, à l'esclave de demander sa liberté, à l'affranchi de réclamer son émancipation,* transformât en *un crime la prière elle-même.*

Or, il n'en exista jamais de semblable chez aucun peuple, ancien ou moderne, civilisé ou barbare.

Chez les Grecs, où vous savez, messieurs, que Lacédémone avait introduit la plus dure servitude, il était permis à l'esclave mécontent de sa condition de demander à changer de maître;

A Rome, dans les beaux temps de la république, la déesse Féronie ouvrait son temple aux affranchis, à peu près comme nos églises chrétiennes leur furent ouvertes sous Constantin;

Dans notre ancienne France, on était admis à racheter sa servitude personnelle;

Aujourd'hui le droit sacré de pétition est mis par notre pacte constitutionnel au nombre de nos plus chères libertés;

Et la plainte est permise même à Constantinople, où les portes du sérail nous attestent que plus d'un visir a payé de sa tête la témérité qu'il aurait eue d'en fermer l'accès auprès du grand-seigneur.

L'*innocence* des condamnés n'est donc pas moins incontestable que l'*injustice* et l'*iniquité* de leur condamnation; d'où il suit que l'arrêt qui les condamne doit être réformé.

Quoi qu'il en soit, messieurs, et dans la supposition même où la cour verrait quelque difficulté à se croire compétente pour casser l'arrêt, comme l'aurait fait l'ancien conseil qu'elle remplace, par le moyen d'*injustice* et d'*iniquité* de *la condamna-*

tion, elle en aurait encore un motif irrésistible *dans la fausse application de la loi pénale,* ainsi que je vais le démontrer.

DEUXIÈME MOYEN.

Fausse et arbitraire application de la loi pénale.

En effet, messieurs, qu'est-ce que la loi pénale appliquée? Il importe d'en bien connaître et l'esprit et les dispositions.

On voit par le préambule de cette loi que, dans le dix-huitième siècle, la licence des écrivains fut portée si loin, qu'elle tendait,

« A attaquer la religion, à soulever les esprits, » et à donner atteinte à l'autorité souveraine : »

Et que jusqu'alors nos anciennes ordonnances, qui s'étaient contentées d'opposer à ce coupable abus de la presse des mesures préventives, mais dont quelques unes seulement avaient prononcé des peines sévères et jusqu'à la mort, étaient comme oubliées.

Et que dans cet état de choses « il était nécessaire » de les renouveler, *pour contenir par la crainte la* » *plus propre à en imposer à ceux qui seraient tentés* » *de se porter à des excès si dangereux.* »

En conséquence c'est pour cela que Sa Majesté crut devoir rendre sa déclaration du 16 avril 1757.

Cette déclaration a deux dispositions principales :

Par la première, elle condamne à mort (art. 1 et 2) les auteurs, les imprimeurs, les colporteurs et les distributeurs des écrits qui auraient les caractères de sédition dont nous venons de parler, c'est-à-dire qui tendraient

« A attaquer la religion, à soulever les esprits, » et à donner atteinte à l'autorité du Roi. »

Et par la seconde elle condamne (art. 3) à la marque et aux galères à temps ou à perpétuité, les auteurs, imprimeurs, colporteurs et distributeurs « de tous autres écrits de *quelque nature qu'ils soient*, et qui, *sans être de la qualité* portée aux articles ci-dessus, auraient été répandus dans le public *sans qu'on ait observé les formalités prescrites par les ordonnances.* »

C'est, messieurs, cette seconde disposition qui a été appliquée à nos malheureux condamnés ; et vous savez comment elle a déjà reçu en partie son exécution : c'est-à-dire comment la condamnation n'a pas été prononcée, que tout-à-coup ces malheureux ont été conduits au pied de la potence, où on les a marqués du sceau de l'infamie ; qu'en vain ont-ils réclamé contre tant de cruauté, en déclarant qu'ils entendaient se pourvoir en cassation ; que malgré leurs protestations, qui sont allées se briser contre les vagues de la mer et la cime des rochers, on les a transportés en France pour être conduits aux galères ; qu'inutilement encore, arrivés à Brest, ils ont renouvelé leur déclaration de pourvoi, et réclamé justice auprès de la cour suprême ; que l'erreur qui régnait alors dans les bureaux du ministère sur l'admissibilité des pourvois contre les arrêts de nos colonies a pendant long-temps empêché que leurs excellences les ministres de la justice et de la marine , malgré leur équité et leur humanité bien connues, n'aient pu régulièrement saisir la cour par l'envoi de l'arrêt et des pièces de la procédure, que l'autorité judiciaire de la Martinique retenait dans son greffe ; que pour l'obtenir il n'est pas de démarches et d'efforts inutiles que nous n'ayons employés ; qu'il a fallu que la cour, par nous à cet effet sollicitée ; et bien qu'elle ne fût pas encore saisie régulièrement de l'affaire, ait daigné, dans son impassible justice, reconnaître, par une délibération prise en la chambre du conseil, l'admissibilité du pourvoi ; que même alors ce fut encore inutilement que M. l'avocat-général de Vatimesnil eut la bonté d'instruire de sa détermination M. le directeur des colonies au ministère de la marine, en ayant le soin de lui remettre son travail ; que plusieurs mois se passèrent sans que le ministre en fût instruit ; que ce n'est qu'à la dernière extrémité que son excellence, en ayant eu pour la première fois connaissance par moi-même , s'est fait remettre le travail de M. l'avocat-général, a donné ses ordres pour rechercher et nous communiquer une expédition de l'arrêt que nous lui apprîmes et que son excellence ignorait *encore être dans ses bureaux;* que cet arrêt fut en effet officiellement transmis à la cour ; que nous demandâmes, messieurs, et que nous obtînmes successivement de votre justice les deux arrêts par lesquels vous avez ordonné non seulement que les pièces du procès seraient envoyées à votre greffe, mais qu'il serait fait les recherches nécessaires pour s'assurer s'il était vrai, comme nous l'articulions, et comme cela est aujourd'hui démontré, que la déclaration de 1757 n'avait pas même été enregistrée dans la colonie ; et que ce n'est enfin qu'au bout de trois années de retards, de dépenses, de plaintes, de réclamations, de souffrances et d'humiliations, et par conséquent après avoir bu jusqu'à la lie le calice de l'amertume, que la Providence les amène aux pieds de la cour pour y obtenir enfin cette justice qui doit mettre un terme à une infortune sans exemple.

Or maintenant, messieurs, et sans qu'il soit besoin de mettre dans la balance ce poids énorme de tant de calamités, je soutiens que la loi en exécution de laquelle ils les ont subies ne leur était pas *applicable*, ni dans son *esprit*, ni dans ses *dispositions*.

Loi
inapplicable — Je dis en premier lieu qu'elle ne leur était pas

applicable *dans son esprit;* et cela, messieurs, se démontre d'un seul mot.

Quoiqu'en apparence et dans ses termes elle soit une *loi pénale*, puisqu'elle prononce des *peines*, et la *mort même*, cependant n'est-il pas clair que, *dans la pensée du législateur*, elle était bien plus encore, surtout dans sa disposition appliquée, une loi purement *comminutive* et *préventive?*

Vous en avez une première preuve, messieurs, dans son propre titre, puisqu'elle est intitulée, « Déclaration du roi, portant défense (sous telles » ou telles peines) de composer et de distribuer au- » cun écrit *contre la règle des ordonnances;* » et que dès lors elle est une véritable mesure réglémentaire contre l'*inobservation des lois sur l'imprimerie.*

Vous en avez une autre preuve encore plus forte dans son préambule, où le législateur déclare qu'il renouvelle les anciennes lois pénales contre les auteurs, imprimeurs, colporteurs et distributeurs de ces écrits, « pour contenir *par la crainte la plus pro-* »*pre à en imposer* à ceux qui seraient tentés de se »porter à des excès si dangereux, » puisque par là il annonce que son intention est de prévenir le mal plutôt que de le punir.

Vous en avez une troisième preuve non moins décisive dans le fait historique incontestable dé son exécution, puisqu'il est démontré par une foule d'exemples puisés dans nos annales judiciaires de la France continentale, et même de la Martinique , qu'en effet elle n'a jamais été *appliquée dans sa pénalité*, quoique pourtant elle y ait reçu nombre de fois son exécution contre des écrits publiés au mépris de ses dispositions prohibitives.

Mais vous en avez une preuve plus concluante encore que toutes les autres, dans sa disproportion incommensurable entre la gravité des peines qu'elle prononce, et l'espèce de délit qu'elle a pour but de réprimer.

En effet, messieurs, veuillez bien observer qu'elle punit, précisément dans la disposition appliquée, *de la double peine afflictive et infamante de la marque et des galères*, la composition, l'impression et la distribution *de toute espèce d'écrit, DE QUELQUE NATURE QU'IL SOIT, PAR CELA SEUL qu'on n'y aurait pas observé les formalités prescrites par les ordonnances.*

Par conséquent, si l'on prenait cette disposition à la rigueur, c'est-à-dire si l'on devait, en effet, dans l'intention du législateur, punir *de la marque et des galères toute espèce d'écrit, DE QUELQUE NATURE QU'IL PUISSE ÊTRE, et par cela seul* qu'il aurait été publié *sans les formalités de l'ordonnance,* alors, comme ces mots, *toute espèce d'écrit, de quelque nature qu'il puisse être,* n'en exceptent aucun, et les embrassent tous indistinctement, *cette peine devrait* donc s'appliquer, non pas seulement *aux écrits séditieux*, mais encore à tout écrit, quel qu'il soit, *bon ou mauvais, religieux ou impie, monarchique ou contre-révolutionnaire :* et alors aussi, par une dernière conséquence inévitable, il en faudrait conclure que tel chapitre de *Télémaque*, tel *sermon de Massillon*, ou tel passage de tout autre écrit quelconque, où se trouverait la doctrine de *l'égalité des hommes entre eux, et devant Dieu, et devant la loi*, s'il paraissait sans les formalités, *devrait être puni de l'infamie.*

Or, l'absurdité d'une telle conséquence annonce assez combien le principe dont elle dérive est démenti par la justice et par la raison.

Donc il y a eu contravention formelle *à l'esprit de la loi*, quand, de *préventive* qu'elle était dans la *pensée* du législateur, l'arrêt attaqué l'a si mal à propos *appliquée comme pénale* à un écrit qu'elle ne pouvait atteindre.

Maintenant, messieurs, et en second lieu, je dis que cette ordonnance, mal et arbitrairement appliquée *dans son esprit* à la brochure condamnée, ne lui était pas moins inapplicable dans ses dispositions littérales, soit sous le rapport des *personnes*, soit sous le rapport de l'*écrit* lui-même.

Elle était inapplicable aux *personnes :* car si d'un côté elle ne punit que les *auteurs*, les *imprimeurs*, les *colporteurs* et les *distributeurs* des écrits prohibés, de l'autre l'arrêt lui-même n'a pas condamné les accusés comme tels, c'est-à-dire qu'il ne les a pas condamnés pour avoir *composé*, pour avoir *imprimé*, pour avoir *colporté*, pour avoir distribué la brochure.

A la vérité l'arrêt porte, seulement à l'égard de Bissette, que s'il n'est pas l'auteur de cet écrit, il est du moins *véhémentement soupçonné* d'avoir *pris part à sa composition;* et que d'ailleurs il *en a lu* et *fait lire à plusieurs* le seul exemplaire qu'il eût en sa possession, ce qu'il appelle *colporter*.

Mais quand la loi punit l'écrivain qui est *convaincu* d'être l'*auteur* d'un écrit, elle ne punit pas également l'homme *soupçonné* d'avoir seulement *pris part à sa composition*, surtout quand le véritable auteur est seul connu pour l'avoir *en effet composé*.

Mais d'ailleurs *lire* soi-même et *faire lire à divers* le seul exemplaire d'une brochure qui les intéresse, ce n'est pas la distribuer ni la colporter, dans le sens de la loi pénale, puisque les distributeurs, et surtout les colporteurs, qu'elle punit, étaient des hommes chargés par état d'en faire publiquement et la distribution, et le colportage, et la vente.

Mais au surplus, et en ce qui concerne les deux autres condamnés, l'arrêt ne leur a pas *même imputé rien de semblable*, puisque tous les deux ne sont à cet égard déclarés convaincus que d'une seule chose , qui _est d'avoir pris ce prétendu *libelle en communication ;* et bien évidemment la loi même appliquée ne punit ce fait d'aucune peine.

Maintenant , et en second lieu , j'ajoute que si la loi était inapplicable aux personnes , elle l'était encore plus à *l'écrit en lui-même ,* en ce qu'il n'a pas le *caractère de la criminalité* par elle déterminée.

Loi
inapplicable
à *l'écrit*
en lui-même.

Vous l'avez vu, messieurs : pour que la peine des galères puisse être appliquée à l'auteur , à l'imprimeur , au colporteur et au distributeur d'un écrit quelconque , *et de quelque nature qu'il soit ,* il faut au moins qu'ils l'aient publié *sans l'observation des* FORMALITÉS *prescrites par les ordonnances;* et c'est dans ce cas seulement qu'ils deviennent condamnables , parceque alors , bien que par sa nature cet écrit n'ait rien de répréhensible , néanmoins ils ont eu le tort, en ne se soumettant pas aux formalités requises , de mépriser la défense portée par la loi , ce qui est mépriser la loi elle-même , et que par conséquent on peut dire à la rigueur qu'ils ont en cela commis une espèce de délit punissable.

Eh bien ! messieurs , vous ne l'ignorez pas non plus , la brochure, avant de pénétrer à la Martinique , avait été publiée en *France avec toutes les formalités ,* et par conséquent sous ce dernier rapport l'application qui lui a été faite de la loi

pénale en a été, comme sous tous les autres,
également fausse, également arbitraire.

Par quels moyens est-il donc possible de justifier cet arbitraire épouvantable? Daignez, messieurs, admirer la doctrine de ses auteurs et de
ses apologistes : elle est consignée dans un mémoire adressé par M. le gouverneur de la colonie
à son excellence le ministre de la marine, à l'appui de la condamnation ; en voici la traduction
exacte, et pour ainsi dire littérale :

Réfutation des moyens présentés à l'appui
de la condamnation.

En vain, dit-on, la brochure aurait-elle paru *avec*
toutes les formalités requises dans la *métropole*, et
serait-elle d'ailleurs *innocente en elle-même* ; parcequ'un écrit peut être indifférent *à Paris*, mais
néanmoins être *fort dangereux à la Martinique* ;
et que s'il y paraît tel, quoiqu'il y ait été publié
avec toutes les formalités nécessaires, il peut encore être condamnable.

Or 1°, la criminalité de la brochure dans la colonie est une question *de fait et de localité*, qui
ne peut être décidée que par *les juges seuls des*
lieux, et non par aucun juge continental.

2° L'écrit a, dans le fait, été jugé par la cour
royale de la Martinique, comme un *écrit séditieux*,
propre à y produire des effets dangereux à son

repos, et l'appréciation *d'un tel fait ne peut appartenir à la cour de cassation elle-même.*

3° Enfin, d'après la loi pénale appliquée, un tel écrit était punissable de *mort.* La cour royale de la Martinique a *fait grâce* aux condamnés, en leur appliquant seulement la peine *de la marque et des galères à perpétuité :* et du reste, comme nos anciennes lois pénales étaient pour la plupart *arbitraires,* et qu'elles n'exigeaient pas des juges qu'ils *motivassent* la condamnation, il est évident que la cour royale a pu condamner les coupables *arbitrairement.*

Je le dis, messieurs, avec douleur, mais avec une conviction profonde, une telle doctrine a quelque chose de monstrueux, et qui serait propre à jeter dans les esprits la consternation, si elle pouvait être consacrée par la cour, tant elle renferme d'erreurs, et tant elle entraînerait après elle de conséquences effrayantes.

Oui, sans doute, messieurs, il faut en convenir, un écrit peut être indifférent à Paris, et néanmoins ne l'être pas à la Martinique : et de là il suit seulement que l'autorité locale de la Martinique aurait pu, si elle l'avait jugé convenable, avoir la prudence d'y défendre l'entrée de la brochure, et même prendre telle autre mesure réglémentaire et préventive que bon lui aurait semblé pour en empêcher la distribution ; de manière que si , *après* la proclamation du général Donzelot, les condamnés l'avaient colportée, publiée, distribuée, alors ils auraient été punis des *peines réglémentaires* auxquelles leur désobéissance à l'autorité locale aurait pu les *assujettir.*

Mais en résulte-t-il que, lorsque la brochure, publiée à Paris *avec les formalités de la loi*, a paru à la Martinique *avant* la proclamation, la cour de la Martinique ait pu , sans violer la loi pénale, et sans en faire une fausse application, *la condamner arbitrairement comme séditieuse?*

Non, messieurs, mille fois non : et les trois raisons qu'on allègue à l'appui de l'opinion contraire sont également indignes de fixer un instant l'attention de la cour.

La criminalité de la brochure est une question de qualification, qui appartient à la cour suprême.

1° La *criminalité* de la brochure, c'est-à-dire la question de savoir si elle est *séditieuse dans le sens de la loi*, n'est pas une question *locale* qui puisse être jugée seulement par les juges de la colonie, parceque les caractères de cette criminalité, ayant été *déterminés par la loi elle-même*, ne sont pas *relatifs*, mais sont au contraire tellement *absolus*, qu'il ne peut être permis à aucun juge d'en changer la nature et l'essence.

Or, qu'est-ce qu'un écrit séditieux? et quels en sont, d'après la loi même appliquée , les caractères essentiels ?

L'écrit *séditieux* est celui qui provoque à la sé-

dition ; et la *sédition* est, d'après le Dictionnaire de l'Académie française,

« Une *émotion populaire*, une *révolte*, un *sou-* » *lèvement* contre la *puissance légitime.* »

Et quant à son caractère légal, il est déterminé par la loi pénale appliquée : c'est-à-dire que, pour qu'il soit punissable comme séditieux, il faut qu'il tende,

Soit à attaquer la religion, soit à soulever les es- prits, soit à donner atteinte à l'autorité souveraine.

Or, pour juger une telle question, il suffit d'a- voir la brochure sous les yeux, et l'on a bientôt décidé si elle présente aucun de ces caractères criminels.

2° De ce que la cour royale de la Martinique a dé- claré *en fait* qu'elle y trouvait cette espèce de cri- minalité, suit-il que la cour de cassation ne puisse plus juger le contraire? Un seul mot suffit, mes- sieurs, pour démontrer combien une telle consé- quence serait attentatoire à votre autorité su- prême.

Quelle est en matière criminelle la *déclaration de fait* qui n'appartient qu'à la cour royale, et qui, bonne ou mauvaise, échappe à votre cen- sure? C'est cette déclaration que *l'accusé est cou- pable* d'avoir commis telle *action prohibée par la loi,* et de l'avoir *commise avec une intention crimi- nelle ;* et par conséquent dans l'espèce la seule

5.

qu'il n'entrerait pas dans vos attributions de censurer, serait celle-ci : que Bissette aurait ou n'aurait point *coopéré à la composition* de la brochure, l'aurait ou ne l'aurait pas *donnée à lire,* l'aurait ou ne *l'aurait pas colportée,* parceque ce seraient là de simples *déclarations de fait,* dont la preuve n'a pu se *trouver que dans le débat,* et que le débat ne pouvant se renouveler devant vous, il ne saurait vous appartenir de les condamner.

Mais veuillez, messieurs, je vous en conjure, y bien réfléchir : ce n'est pas là ce dont il s'agit dans ce moment-ci, c'est-à-dire qu'il n'est pas question de savoir si la *coopération* à l'écrit condamné, si sa *lecture,* son *colportage,* sa prise en *communication,* ont été bien ou mal à propos *déclarés constants.* Tout ce que vous avez à juger est de savoir si, même en admettant *cette déclaration de fait* comme vraie et comme irréfragable, vous n'avez pas encore le droit de juger que c'est *arbitrairement* que l'arrêt a déclaré *séditieux* l'écrit condamné.

Or, cette déclaration n'est pas *une de ces déclarations de fait* dont la preuve sorte du débat, et qui ne porte que sur la personne de l'accusé : *c'est la* QUALIFICATION *de l'acte* même qu'on lui impute à *crime,* et votre jurisprudence constante atteste que ces sortes de QUALIFICATION *vous appartiennent.*

Donc, messieurs, si vous êtes convaincus, ainsi

que je n'en doute pas, que la brochure n'a aucun des *caractères de sédition* déterminés par la loi pénale qu'on lui a appliquée, vous vous empresserez de juger qu'on lui a fait de cette loi une fausse application.

Reste donc à savoir s'il est vrai que la cour royale de la Martinique ait pu, comme on le suppose, le faire *arbitrairement*, sous le prétexte que les juges n'étant pas alors obligés de *motiver* leur arrêt, et les peines étant pour la plupart *arbitraires*, ils ont été tellement les maîtres d'appliquer celle des deux peines portées par la loi qu'ils ont préférée, qu'en ne prononçant que la peine des *galères* au lieu de celle de *la mort*, ils ONT FAIT GRACE AUX CONDAMNÉS !!!

Point d'arbitraire dans nos lois anciennes, quant à l'application de la peine à un crime par elles caractérisé et puni.

En vérité, messieurs, à cette profession de foi judiciaire qui tend à justifier l'arbitraire épouvantable des condamnations par l'arbitraire plus épouvantable encore de nos lois elles-mêmes ; et à la seule idée de cette indulgence presque aussi dérisoire que barbare, mon cœur se soulève, mon imagination reste confondue, et je sens que ma raison serait prête à s'égarer, sans le respect que je porte à la Cour.

Mais heureusement cet arbitraire illimité de nos anciennes lois n'a jamais existé tel qu'on le suppose ; et pour vous le démontrer, messieurs, je n'aurai pas besoin d'entrer ici dans une discussion qui pourrait être fort étendue, il me suffira de rappeler quelques principes élémentaires de cette ancienne législation elle-même, et de les bien appliquer à la cause.

En effet[e], sous le règne de cette législation, on admettait d'abord en principe général, comme aujourd'hui, que le *crime était une action prohibée par la loi*, et par elle *punie* d'une peine *quelconque ;* c'est la définition que nous en donnent les auteurs, et notamment Rousseau de Lacombe : et de ce principe général il résultait bien évidemment que le juge ne pouvait ni appliquer une autre peine que celle prononcée par la loi, ainsi que le porte littéralement l'ordonnance de 1670, ni appliquer cette peine à une autre action que celle *par elle prohibée.*

A la vérité, comme ces anciennes lois n'étaient pas aussi parfaites que nos lois actuelles, en ce sens que dans la classification des crimes et des peines elles n'avaient pas porté si loin la prévoyance, ou plutôt que cette classification exacte n'y était pas renfermée dans un seul code, les docteurs avaient distingué, ce qu'on ne peut plus faire de nos jours, les peines *légales,* c'est-à-dire celles qui *étaient prononcées par une loi précise,* d'avec ce qu'ils appelaient *les peines arbitraires,* parcequ'elles *s'appliquaient à des cas non prévus ;* et il résultait de cette distinction que dans ces derniers *cas non prévus* le juge pouvait *arbitrairement* appliquer une peine quelconque. Tel est par exemple le cas cité par Rousseau de Lacombe , d'un homme qui avait *jeté de la chaux détrempée dans du vin sur le visage et dans les yeux d'un autre , pour le rendre aveugle.* « Ce crime est grave, dit l'auteur, *et la peine est* ARBITRAIRE , les ordonnances n'ayant pas PRÉVU un fait de cette qualité. »

A la vérité encore , nos anciennes lois , comme aujourd'hui , laissaient la *peine arbitraire*, ou bien dans les cas de peu d'importance , comme en matière de simple police , où le délit s'aggravant, la peine devait s'aggraver aussi plus ou moins, suivant les circonstances ; ou bien dans le cas où la loi elle-même s'en était rapportée à la religion des juges.

Mais, hors ces deux cas d'exception, c'est-à-dire lorsque la loi elle-même *admettait l'arbitraire dans la peine* , ou bien lorsque le crime n'était point *prévu* par elle , jamais et dans aucun autre la peine prononcée par la loi, surtout quand elle était capitale , ne pouvait être prononcée *arbitrairement.*

Telle est, messieurs, en un seul mot, toute la doctrine du *prétendu arbitraire* de nos anciennes lois criminelles ; et vous voyez qu'il en résulte en dernière analyse cette conséquence inévitable , et sur laquelle j'appelle avec respect toute l'attention de la Cour : c'est qu'elles n'admettaient jamais d'*arbitraire* que quant A LA PEINE, et pour les délits seulement par elle *non prévus* , ou dans les cas par elle-même spécifiés ; mais qu'au contraire, et dans tous les cas où elle avait caractérisé et puni le crime, elle n'admettait point d'*arbitraire* dans l'*application* de la peine prononcée.

Or, observez-le bien, messieurs, il s'agit ici d'un prétendu écrit séditieux, c'est-à-dire d'un crime capital, dont les *caractères* et la *pénalité* sont déterminés par la loi *même* en vertu de laquelle les accusés *ont été condamnés;* et par conséquent s'il vous est bien démontré que cet écrit *n'a point les caractères* qu'elle a voulu punir, rien ne peut plus justifier l'arbitraire de la condamnation.

Je croirais donc, messieurs, n'avoir plus rien à ajouter à la défense des malheureux qui sont la victime de cet abus de pouvoir intolérable, si ses apologistes, au défaut de moyens de droit, ne cherchaient à influencer vos consciences par une considération d'ordre public qu'ils semblent vous présenter *comme une raison d'état,* je veux dire la grande considération du *salut* de la colonie.

Mais puisque c'est la dernière arme avec laquelle ils viennent aujourd'hui nous frapper, il appartient à notre légitime défense de nous en servir contre eux-mêmes dans leurs derniers retranchements.

Influence
du procès
sur les
intérêts de la
colonie.

S'il en faut croire M. le gouverneur dans son mémoire justificatif de l'arrêt attaqué, le repos de la Martinique exige le maintien de la condamnation ; tellement que si elle était annulée , il y aurait à craindre de ne pouvoir plus répondre de la tranquillité de la colonie ; et du reste , en même temps qu'on émet cette crainte imaginaire, on n'en allègue aucun motif, si ce n'est le fantôme de cette *prétendue conspiration morale permanente* dont on cherche à nous effrayer.

Messieurs, s'il y avait quelque apparence de réalité dans une pareille crainte , je dirais encore que la cour n'a point d'autre *raison d'état* que sa *justice souveraine* , et que Sa Majesté dans son conseil saura toujours bien trouver les moyens de concilier l'exécution de vos arrêts avec le repos de ses colonies.

Mais un fantôme ne saurait produire de réalités , et *cette crainte* n'est qu'une chimère comme la *prétendue conspiration morale* qui lui a donné l'être.

Eh qui donc en effet pourrait s'offenser dans la colonie d'un acte éclatant de votre justice suprême !

Les hommes de couleur? Mais y a-t-il même quelque bon sens à supposer qu'ils aillent chercher dans un arrêt qui les arracherait à l'infamie l'occasion d'une révolte qui mériterait la mort?

Les noirs? Mais que pourraient-ils y voir autre chose pour eux-mêmes que le gage d'un meilleur avenir?

Les colons? Mais à leur égard craindre qu'ils n'en

prennent occasion d'exciter le moindre trouble dans la colonie , ce serait les *calomnier*, puisqu'une telle crainte ne pourrait avoir de réalité qu'en les supposant des *rebelles*.

Ah! loin de nous, messieurs, ces sinistres présages des préjugés et de l'erreur! Écoutons bien plutôt les oracles de la raison : et voici ce que vous affirment ses infaillibles augures.

Peut-être, messieurs, lorsqu'il s'agira dans les conseils de Sa Majesté de statuer sur le sort des hommes de couleur, et de leur accorder l'amélioration qu'ils réclament , peut-être on y songera que l'obéissance et la fidélité de ces bons citoyens, éprouvées par le temps , seront d'autant plus inébranlables , que la justice et l'autorité viendront plus efficacement à leur secours.

Peut-être on y songera que ces hommes de couleur étant les intermédiaires entre les noirs et les blancs , il est d'une grande importance de conserver et même de renforcer , par une prudente assimilation, ce lien si nécessaire à la tranquillité de la colonie.

Peut-être on y songera que la liberté légale des hommes de couleur , en donnant à leur industrie de nouveaux accroissements , ne pourra manquer d'accroître aussi la richesse et la prospérité des colons eux-mêmes.

Peut-être on y songera que cette prospérité

commune sera de plus un gage de la tranquillité des noirs, puisqu'ils n'y trouveront qu'un nouveau motif d'espérance et d'émulation, propre à les attacher encore davantage à la colonie et surtout à la France.

Peut-être on y songera qu'en rendant aux hommes de couleur libres leurs droits civils et politiques, on ne détruira pas les droits civils et politiques des blancs; que par *leur assimilation* avec ces derniers on n'opèrera dans leur *existence sociale* aucun changement réel; que dans cette assimilation il ne s'agirait pas, comme dans la destruction des priviléges de la féodalité, d'enlever aux colons des droits et des propriétés utiles; qu'il n'est au contraire question dans tout ceci que d'une affaire d'amour-propre de leur part, ainsi que le prouve le manifeste lui-même de leurs prétendus mandataires; et qu'en vérité cette puérile considération est bien peu digne d'arrêter la justice royale dans une question de droit public d'une aussi haute importance.

Voilà, messieurs, ce qu'on pourrait dire peut-être entre autres choses, et ce que j'aurais l'honneur de vous dire s'il était question de statuer sur la demande des hommes de couleur.

Mais, messieurs, daignez y prendre garde, ce n'est point là ce dont il s'agit devant vous. La cour n'a point à prononcer sur le mérite de cette demande , c'est-à-dire si elle est *bien ou mal fon-dée aux yeux de la politique*, mais seulement si elle est *un crime aux yeux de la justice ;* et nous n'examinons en ce moment rien autre chose, si ce n'est de savoir ce que votre arrêt, en décidant qu'elle est légitime , pourrait ou ne pourrait pas avoir de dangereux pour le repos de la colonie.

Or, le bon sens nous dit que, loin d'y produire aucun trouble, il ne pourra jamais qu'y calmer les esprits et y entretenir l'harmonie entre les castes diverses qui la composent, mais particulièrement entre les hommes de couleur et les colons.

Oui, n'en doutez pas , messieurs, les hommes de couleur ne pourront pas s'y méprendre. Ils savent que leur réclamation ne doit être résolue que par Sa Majesté même en son conseil. Ils se garde-ront bien de conclure de votre arrêt qu'ils aient le droit d'entrer dans l'exercice de la liberté légale qu'ils réclament. Si, lors même qu'abîmés sous le poids du régime colonial , le sentiment de leur malheur n'a pu leur arracher qu'une plainte res-pectueuse , ne croyez pas , messieurs, que le sen-timent de votre justice leur inspire autre chose qu'une vénération mêlée de reconnaissance ; et ils attendront, avec résignation et longanimité , que Sa Majesté daigne décider de leur sort.

Que dis-je ! messieurs, il n'en sera pas autre-ment des noirs et des colons eux-mêmes.

Les noirs verront dans votre arrêt une preuve nouvelle que leurs espérances ne sont pas des crimes, et que le moyen le plus sûr de les voir se réaliser un jour c'est de se reposer avec respect sur la haute sagesse de Sa Majesté.

Quant aux colons eux-mêmes, ils sont trop éclairés pour ignorer que la justice n'est pas seulement la base de l'ordre social, en ce qu'elle maintient une égale distribution du tien et du mien entre les justiciables, mais qu'elle est encore entre les souverains qui la rendent et les sujets qui en recueillent les fruits le lien le plus fort qui puisse attacher ces derniers au gouvernement.

Ils savent dès lors qu'ils seraient criminels de ne pas respecter une décision souveraine, qui sera la plus respectable de toutes les décisions de l'autorité judiciaire.

Ils sont instruits que Sa Majesté, qui s'occupe sans relâche de la prospérité des colonies en général, a daigné, tout récemment encore, témoigner l'intérêt particulier qu'elle prend à la leur ; ils sont bien sûrs que, dans l'importante résolution qui sera prise en ce qui les concerne, tous leurs droits seront conservés, en même temps que ceux des hommes de couleur, pour le plus grand intérêt commun de la colonie ; et en lisant votre arrêt, il leur suffira de réfléchir qu'il est rendu au nom de Charles X. A ce nom sacré, qui fait palpiter

tous les cœurs français de respect, de reconnaissance et d'amour, ils seront désarmés ; et si enfin
la demande des hommes de couleur est un jour
admise, comme il n'en faut pas douter, la colonie, pour être plus libre, n'en sera que plus heu-
reuse.

FIN.

—

On sait que, depuis la plaidoirie, l'arrêt a *été cassé*, seulement, à la vérité, par un moyen de forme.

Mais, chose importante à remarquer, c'est que, d'une part, le ministère public n'a pas même, *en fait*, abordé la question *de l'iniquité et de l'injustice évidente de la condamnation ;* et que, de l'autre, l'arrêt n'a également statué, *en fait*, ni sur ce premier moyen du fond, ni *d'aucune manière* sur le second moyen *de la fausse et arbitraire application de la loi pénale*, et que par conséquent ni l'un ni l'autre n'ont été rejetés ; en telle sorte que ces deux puissants moyens restent encore aux accusés, dans toute leur force, pour se défendre à la cour royale de la Guadeloupe.